WENDY BELLO

UNA MUJER

SABIA

Principios
para vivir como
Dios lo diseñó

B&H
ESPAÑOL
NASHVILLE, TENNESSEE

Una mujer sabia: Principios para vivir la vida como Dios la diseñó

B&H Publishing Group
Nashville, TN 37234

Clasificación Decimal Dewey: 223
Clasifíquese: CRISTIANISMO / ANTIGUO TESTAMENTO / PROVERBIOS

ISBN: 978-1-5359-9717-1

Impreso en EE. UU.

4 5 6 7 8 9 10 * 25 24 23 22 21

Dedicado a mi hija Daniela, un regalo de Dios.
Mi oración es que llegues a ser una mujer sabia.

CONTENIDO

AGRADECIMIENTOS

Abel, mi esposo, un regalo por el que no me canso de dar gracias a Dios. Eres mucho más de lo que jamás soñé. Gracias por la manera en que nos lideras y nos enseñas como familia. Gracias por animarme cuando quería darme por vencida, por tu apoyo, por ayudarme a poner todo en la perspectiva correcta; sobre todo, por tu inmensa paciencia. ¡Te amo!

Daniela y Nathan, ustedes cada día me llevan de vuelta a la escuela de la sabiduría. Gracias por cada beso y abrazo, y por enseñarme a ser mamá. ¡Los amo más de lo que puedo expresar!

Las mujeres que han sido un ejemplo de sabiduría para mí: mi madre, mi abuela Delia, Migdalia. Gracias por su paciencia conmigo, gracias por enseñarme con amor y por el legado que me han compartido con tanta entrega en las diferentes etapas de la vida. ¡Las quiero!

Mi papá, Osvaldo, Noemí... gracias por estar siempre disponibles y ser abuelos maravillosos. ¡Los quiero!

Dámaris, gracias porque los años y la distancia no han podido desteñir nuestra amistad. Te admiro porque eres verdaderamente una mujer sabia.

Mey, gracias por animarme tanto y creer que Dios puede usarme para escribir.

Gracias, B&H Español y LifeWay Mujeres por considerar extender el mensaje de este libro a muchas otras mujeres de habla hispana. Trabajar con ustedes es una bendición.

Y sobre todas las cosas, a ti, mi dulce Señor Jesús, que eres la fuente de toda la sabiduría y quien me regala una vida plena y abundante. ¡Que cada palabra que escriba siempre sea para tu gloria!

NOTA PARA LA LECTORA

En tus manos tienes una nueva edición de un libro que para mí tiene un significado especial; no porque los siguientes libros sean menos queridos, sino porque este fue el primero que vio la luz en forma impresa. Recuerdo la emoción inigualable de sostener en mis manos la primera copia y quedarme sin habla. Lo que un día fue un sueño, se hacía realidad, para la gloria de Dios.

Una mujer sabia comenzó como una serie en mi blog, allá por el verano del 2013. Fue algo que durante un tiempo estuvo dando vueltas en mi cabeza, pero que no había tomado forma. Como todas las cosas que Dios hace, ¡nos sorprenden! Esa serie se convirtió en una de las más populares en el blog. Y no creo que fuera por otra cosa que un sencillo pero profundo motivo: tú y yo anhelamos ser mujeres sabias. Sabias en nuestro rol de esposas, madres, siervas, amigas. Sin embargo, a veces la meta nos parece inalcanzable.

En realidad, no lo es, porque Dios nos ha prometido que la sabiduría está a nuestra disposición si se la pedimos: «Si necesitan sabiduría, pídansela a nuestro generoso Dios, y él se la dará; no los reprenderá por pedirla» (Sant. 1:5, NTV). Y en Su Palabra tenemos un caudal de consejos sabios.

Por eso entendí que necesitaba ir más allá de la serie y convertirla en un libro. Cada uno de los artículos originales ha sido ampliado y se incluyeron temas nuevos. Como esta es una nueva edición, hemos revisado el contenido de cada capítulo con la intención de ahondar en ciertos temas y verdades bíblicas.

Al final de cada capítulo encontrarás la sección «Para profundizar», cuyo objetivo es ayudarte a reflexionar y aplicar lo aprendido. Este material puede usarse de manera individual o en grupo. El cierre de cada capítulo es una oración que, aunque fue escrita por mí, puedes hacerla tuya también, o adaptarla a tus circunstancias personales. De este modo quise regalarte una herramienta que puedes utilizar para crecer en tu caminar con Dios.

En cada capítulo encontrarás principios de sabiduría tomados del Libro de Proverbios para vivir la vida como Dios la diseñó y llegar a ser la mujer sabia que anhelas. Son elementos muy prácticos para el día a día. Vamos a explorar los diferentes rasgos que caracterizan a esa mujer sabia: cómo maneja su hogar, cómo se relaciona con su familia y sus amistades, cómo se viste, cómo usa sus recursos, su tiempo, entre otros. Por supuesto, también incluiremos otros pasajes de la Biblia que se relacionen con el tema y todo entretejido con experiencias que cada una de nosotras pudiera haber vivido.

Si tú y yo prestamos atención a estos principios, veremos que sí es posible alcanzar la meta tan soñada de ser mujeres sabias. No digo que sea fácil, sino que está a nuestro alcance. Por supuesto, esta decisión implicará que se transforme nuestro corazón. Por eso me gustaría que antes de comenzar a leer le pidas a Dios que use estas páginas más que nada para cambiar aquello que Él conoce que necesita ser cambiado.

¡Gracias por acompañarme en esta jornada!
Bendiciones,
Wendy

PREFACIO

Nota de la autora: *Cuando este libro se publicó por primera vez, tuve el honor de que una gran mujer y compañera de ministerio accediera a escribir el prefacio. Hace apenas unos días me levanté y recibí la noticia de que Edurne había partido con el Señor. El corazón se me encogió y las lágrimas corrieron. ¡Todavía me cuesta creerlo! Junto a su familia, ella servía como misionera en la selva amazónica venezolana. Sé que ahora está disfrutando la eternidad para siempre, y que nos dejó un legado hermoso. Sin embargo, la voy a extrañar. Así que, una vez más quiero darle las gracias por haber dejado un pedacito de ella en este libro. Y gracias también al Señor porque, aunque no nos conocimos en persona de este lado de la eternidad, nos permitió servir juntas. Edu, no te digo adiós, sino hasta luego. Gracias porque viviste tal y como lo decías en tus escritos: «Contenta en Su servicio».*

Recuerdo una reunión con la jefa de departamento en el instituto bíblico al que fui a prepararme en estudios teológicos. Estaba a mitad del primer año y me estaba costando mucho adaptarme al lugar y, especialmente, a lo que Dios estaba haciendo conmigo. Entré en su despacho, charlamos un rato y, en un momento dado, me dijo: «Edu, sé que eres una mujer inteligente, pero hoy te desafío a que te conviertas en una mujer sabia».

Esas palabras quedaron grabadas como a fuego en mi mente y en mi corazón. Y desde ese momento, convertirme en una mujer sabia ha sido mi anhelo. Día a día. Decisión a decisión.

Este libro que tienes en tus manos es una herramienta excelente para todas aquellas mujeres que, al igual que yo, van en busca de la sabiduría. En él, Wendy va desgranando con maestría, versículo a versículo, los elementos necesarios para que podamos lograr convertirnos en mujeres sabias.

Vivir sabiamente es un proceso largo; no va a suceder de la noche a la mañana. Y me temo que es uno de esos procesos en los que daremos un paso hacia adelante y dos hacia atrás, pero no quiero que te desanimes, sino que tomes cada equivocación, cada caída, cada retroceso, como una oportunidad de avanzar con más fuerza hacia la meta.

Nuestra búsqueda de la sabiduría debe comenzar con Dios y continuar con Su Palabra. ¿Qué mejor lugar para buscar de qué manera vivir como mujeres sabias que en el Libro de Proverbios, en el que la sapiencia divina está guardada como un tesoro esperando a ser descubierto?

Proverbios 1:7 (RVR1960) comienza diciendo que «el principio de la sabiduría es el temor de Jehová».

El temor de Jehová, es decir, la reverencia y la obediencia a Dios, es la fuente y el origen de toda sabiduría, y sin Él, todo conocimiento es vano e inútil. Toda sabiduría que no está fundada en un verdadero y genuino temor a Dios no traerá provecho alguno a nuestra vida.

Ese mismo proverbio termina dándonos una seria advertencia: «… los insensatos desprecian la sabiduría y la enseñanza».

Siempre me ha fascinado la forma en la que Proverbios nos habla no solo de cómo convertirnos en mujeres sabias, ¡sino también de los pasos que nos llevan a convertirnos en mujeres necias e insensatas!

Una mujer necia no desea el conocimiento de Dios, sino que descansa en su propia idea de sabiduría, en sus experiencias, en las verdades que el mundo le cuenta. Y, como dice Proverbios 14:1, en lugar de edificar, destruye.

De la misma forma que yo fui desafiada años atrás, hoy quiero presentarte a ti el mismo reto: ¿quieres vivir siendo una mujer inteligente o quieres convertirte en una mujer sabia que ama, teme y reverencia a Dios en cada aspecto de su vida?

La decisión es únicamente tuya.

«Estando persuadido de esto, que el que comenzó en vosotros la buena obra, la perfeccionará hasta el día de Jesucristo» (Fil. 1:6, RVR1960).

¡Ah! ¿No es maravilloso saber que Dios va a estar con nosotras, ayudándonos en cada paso de nuestro camino hacia la sabiduría?

Con este libro estás poniendo la primera piedra en ese largo camino de transformación que te llevará a la sabiduría. Y es mi oración que, cuando el Señor termine de pulirnos, cada una de nosotras sea considerada *Una mujer sabia*.

Edurne Mencía de Nieves

UNA MUJER SABIA

Los proverbios de Salomón, hijo de David, rey de Israel: Para aprender
sabiduría e instrucción, para discernir dichos profundos.

Proverbios 1:2, NVI

Hace muchos años, cuando todavía era una jovencita y no tenía idea de muchas cosas en la vida, le escuché decir a mi pastor de entonces: «La vida es una decisión, constantemente estamos tomando decisiones». Y tenía razón.

Desde que nos levantamos hasta que nos acostamos vivimos en una decisión. ¡Piénsalo! Nos levantamos y decidimos qué vamos a hacer primero, si desayunar o vestirnos. Luego, frente al clóset o el armario, ¿qué me voy a poner? (¡Esta decisión es mucho más sencilla para los hombres que para las mujeres!). Después decidimos qué camino tomar para llegar al trabajo o la escuela, qué haremos para almorzar, ¿comprar almuerzo o llevar algo de la casa? Y así, casi sin darnos cuenta, nos pasamos el día decidiendo. Claro está, estas decisiones son bastante fáciles y las tomamos prácticamente sin pensar mucho.

En cambio, aquellas cosas que consideramos grandes en la vida, aquellas decisiones mayúsculas como qué estudiar, con quién me voy a casar, dónde vamos a vivir, cuántos hijos tendremos, entre otras, esas las meditamos mucho más. Al menos, así trata de hacerlo la mayoría de las personas.

Sin embargo, ¿qué te parece si te digo que tanto para las decisiones pequeñas como para las grandes necesitamos un componente esencial? Si quieres llegar a ser esa mujer que Dios tuvo en mente en Su plan original, entonces es crucial que busquemos ser mujeres sabias para que la sabiduría caracterice nuestras decisiones y podamos vivir la vida abundante.

Me explico: no es lo mismo desayunar en un lugar de comida rápida, chatarra, cada día, que escoger algo saludable.

No es lo mismo llevar un estilo de vida sedentario que esforzarnos por incluir el ejercicio en nuestra agenda.

No es lo mismo decir lo primero que se nos ocurra que sopesar las palabras.

Tampoco es lo mismo gastar sin pensar en el futuro que buscar planificar y organizarnos para tener una economía familiar estable.

Captaste la idea, ¿verdad? Algunas cosas son más sencillas, como el desayuno; otras más complejas, como la vida familiar, pero ambas son importantes. La diferencia en los resultados estará en cuán sabiamente actuemos.

Entonces, ¿qué es en realidad una persona sabia? ¿Cómo la definimos? Esto es importante, pues quizá tenemos una idea distorsionada o basada en lo que nos enseñaron o en el concepto que nos fuimos formando con los años. Nos servirá de mucho comenzar por entender que sabiduría e inteligencia son dos cosas muy diferentes. Mi fiel amiga, la Real Academia de la Lengua Española, nos lo dice así:

---

inteligencia:

1. f. Capacidad de entender o comprender.

2. f. Capacidad de resolver problemas.

3. f. Conocimiento, comprensión, acto de entender.[1]

---

sabiduría:

1. f. Grado más alto del conocimiento.

2. f. Conducta prudente en la vida o en los negocios.[2]

Volvamos a leer el versículo con el que comencé este capítulo: «*El propósito de los proverbios es enseñar sabiduría y disciplina, y ayudar a las personas a comprender la inteligencia de los sabios*» (Prov. 1:2, NTV).

Maravilloso, ¿no es cierto? De manera que se puede ser muy inteligente, con gran capacidad para entender o comprender, pero no necesariamente ser sabio. La sabiduría va más allá de la capacidad, es el grado más alto del conocimiento y está presente en nuestro actuar. El mundo está lleno de mujeres inteligentes, brillantes; sin embargo, lamentablemente, tenemos una escasez de mujeres sabias. Por eso este libro. Y estoy segura de que si estás leyéndolo es porque quieres pertenecer a ese segundo grupo, y yo también.

LA SABIDURÍA DEL MUNDO

Puedo hacer memoria de las muchas veces en que no he actuado con sabiduría o, peor todavía, he actuado con lo que la Biblia llama «la sabiduría del mundo». Quizá tú también puedes decir lo mismo. ¿Cuál es el problema con la «sabiduría» que el mundo nos presenta? Dejemos que sea la propia Escritura quien nos aclare.

La sabiduría del mundo es necedad para Dios.
«*Porque la sabiduría de este mundo es necedad ante Dios. Pues escrito está: Él es el que prende a los sabios en su propia astucia*» (1 Cor. 3:19).

La sabiduría del mundo es envidiosa y egoísta.
«*Pues la envidia y el egoísmo no forman parte de la sabiduría que proviene de Dios. Dichas cosas son terrenales, puramente humanas y demoníacas*» (Sant. 3:15, NTV).

La sabiduría del mundo no es un medio para conocer a Dios.
«*Ya que Dios, en su sabiduría, se aseguró de que el mundo nunca lo conociera por medio de la sabiduría humana...*» (1 Cor. 1:21, NTV).

De modo que la sabiduría del mundo, resultado del pecado y bajo la influencia de Satanás, es un medio para destrucción. De hecho, ¡nada sabia!

Entonces, ¿qué es la sabiduría para Dios? El propio Libro de Proverbios nos ayuda a determinarlo: «El temor del Señor es la base de la sabiduría. Conocer al Santo da por resultado el buen juicio» (Prov. 9:10, NTV).

Antes de que te asustes o te lleves la idea equivocada, déjame decirte que la palabra «temor» no es lo que quizá estés pensando. No se trata de un miedo como el que les tenemos a las cucarachas o el que puedas sentir ante el diagnóstico de una enfermedad grave o una mala noticia que te deja paralizada, aunque sea momentáneamente, y te pone el estómago al revés. El término «temor» en el original hebreo, *yirá*, indica más bien respeto, reverencia, piedad reverenciada. Todo comienza por ahí.

La mujer sabia es aquella que muestra respeto y reverencia a Dios. Tú y yo necesitamos entender que Dios es Dios, soberano, creador de la vida y de todo lo que nos rodea. Ese título solamente le acredita reverencia. Pero, además, para mostrar a Dios respeto y reverencia tenemos que saber cuáles son los principios que Él establece, qué es lo que Dios ama, qué le desagrada, cómo espera Dios que yo viva y luego actuar consecuentemente. Ahí está la base de la sabiduría.

Si te fijas, la segunda parte de este versículo nos dice que al conocer al Santo tendremos buen juicio. ¿Qué tal si te digo que la sabiduría es alguien, una persona, a quien podemos conocer? Mira lo que nos dice Pablo en 1 Corintios 1:30:

«*Dios los ha unido a ustedes con Cristo Jesús. Dios hizo que él fuera la sabiduría misma para nuestro beneficio...*».

Y en 1 Corintios 1:24 nos presenta a Cristo como «sabiduría de Dios». Así que, si quiero la sabiduría divina, ¡necesito a Cristo en mi vida! No puedo llegar a alcanzar la sabiduría de Dios fuera de una relación con Él. Mi búsqueda de sabiduría tiene que estar ligada a Cristo porque en Él está la sabiduría.

De modo que se impone entonces la pregunta, ¿cómo hago para obtener sabiduría en el día a día?

Sin embargo, es imposible conocer a alguien a distancia; se necesita una relación, y las relaciones implican tiempo y dedicación. ¿Cómo cultivamos esa relación con Dios si no podemos verlo ni palparlo? Al leer y estudiar Su Palabra, y mediante la oración. No existe otra manera.

EL CAMINO A LA SABIDURÍA

Como todas las cosas que queremos obtener, todo comienza por el deseo de tener ese algo. Por lo general, cuando queremos algo es porque lo valoramos. Así que esta es la base, el anhelo de ser mujeres sabias, a la manera de Dios, porque valoramos la sabiduría, la apreciamos. Es el mensaje que transmite el Libro de Proverbios de muchas maneras, como en este pasaje:

«*Estímala [la sabiduría], y ella te ensalzará; ella te honrará si tú la abrazas; guirnalda de gracia pondrá en tu cabeza, corona de hermosura te entregará*» (4:8-9).

No obstante, no basta con anhelarla, necesitamos pedírsela a Dios, la fuente de toda sabiduría, que nos la conceda. Pedir sabiduría es una oración diaria que tú y yo debemos hacer, porque mientras estemos de este lado de la eternidad, siempre la necesitaremos. Lo mejor es que Él mismo nos invita a hacer esa oración: «Si necesitan sabiduría, pídansela a nuestro generoso Dios, y él se la dará; no los reprenderá por pedirla» (Sant. 1:5, NTV).

Una gran parte del Libro de Proverbios se le atribuye al rey Salomón. Incluso aquellos que nunca han tomado una Biblia en sus manos han escuchado frases como: solución salomónica; Salomón, el rey más sabio; ni el sabio Salomón, entre otras. Y es que este rey judío, cuando tuvo la oportunidad dada por Dios mismo de pedir cualquier cosa, solo pidió una: sabiduría. Mira la respuesta que Dios dio al pedido de Salomón:

«Al Señor le agradó que Salomón pidiera sabiduría. Así que le respondió: —Como pediste sabiduría para gobernar a mi pueblo con justicia y no has pedido una larga vida, ni riqueza, ni la muerte de tus enemigos, ¡te concederé lo que me has pedido! Te daré un corazón sabio y comprensivo, como nadie nunca ha tenido ni jamás tendrá» (1 Rey. 3:10-12, NTV).

¡Agrada a Dios que anhelemos Su sabiduría! Y qué alivio saber que Cristo es nuestra sabiduría y que, incluso cuando no actuemos sabiamente, Él en Su gracia nos sostiene.

Por último, nos toca actuar. Ser una mujer sabia implica intencionalidad, que de manera deliberada busquemos la sabiduría. Y, como suele suceder, veremos los resultados. Creo que nada lo dice mejor que otro fragmento de Proverbios: «Da oído a la sabiduría, inclina tu corazón al entendimiento; [...] si la buscas como a plata, y la procuras como a tesoros escondidos, entonces entenderás el temor del Señor, y descubrirás el conocimiento de Dios» (Prov. 2:2, 4-5).

¿Dónde la buscamos? En la Palabra de Dios. Salmos 19:7 nos dice que: «... el testimonio del Señor es seguro, que hace sabio al sencillo». El buen juicio que anhelamos y la sabiduría que queremos, están en las páginas de nuestra Biblia. Tenemos que buscar lo que Dios ya nos ha dicho, pues ese conocimiento, bajo la guía del Espíritu Santo, es lo que nos sirve de base.

Quiero hacer énfasis en esto. Si leemos la Palabra de Dios sin la ayuda del Espíritu Santo, estaremos simplemente leyendo un libro. Necesitamos de Él para poder entender las verdades divinas que allí están. Mira cómo lo dice el propio Jesús: «Pero el Consolador, el Espíritu Santo, a quien el Padre enviará en mi nombre, "les enseñará todas las cosas" y les hará "recordar" todo lo que les he dicho» (Juan 14:26, NVI, énfasis de la autora). El Espíritu no solo nos enseña, sino que nos recuerda. ¿Y acaso no es eso lo que necesitamos en el día a día, alguien que nos recuerde lo que Dios nos ha dicho, para que en esos momentos en que no sabemos cómo actuar, Su sabiduría nos inunde?

Amiga lectora, no nos quedemos en la petición. También tenemos que estar dispuestas a obedecer lo que Dios nos dice, a buscar conocerle, a actuar con respeto y reverencia, y eso nos llevará a mostrar sabiduría, tanto en los asuntos más importantes como en los de menor importancia.

Entonces, como toda transformación exitosa tiene que empezar de adentro hacia fuera, dediquemos el próximo capítulo al lugar donde comienza cada decisión sabia.

✿

Oración: *Padre celestial, gracias porque eres un Dios sabio que me ama a pesar de mi falta de sabiduría. Gracias porque me prometes en tu Palabra que puedo pedirte sabiduría y siempre me la darás. Dios, aquí estoy delante de ti, pidiéndote que me revistas de tu sabiduría. Perdóname por las veces que sigo la sabiduría humana y no la divina. Quiero conocerte más porque así mostraré buen juicio. Espíritu Santo, muéstrame las verdades escritas en la Palabra y recuérdamelas cuando esté a punto de olvidarlas. Señor, quiero ser una mujer, esposa y madre sabia. ¡Ayúdame para que esa sea siempre mi meta! En el nombre de Jesús, amén.*

PARA PROFUNDIZAR

1. Lee Proverbios 2:6.
¿Cuál es la fuente de la sabiduría?

2. ¿En qué aspectos de tu vida anhelas ser más sabia?
Enuméralos.

3. Lee Proverbios 2:12, 3:13 y 19:8.
¿Qué beneficios tiene adquirir sabiduría?

4. ¿Qué diferencia existe entre una mujer inteligente
y una mujer sabia?

MUJER INTELIGENTE	MUJER SABIA

5. ¿Por dónde tenemos que empezar para ser mujeres sabias?
¿Por qué?

CUIDA TU CORAZÓN

Con toda diligencia guarda tu corazón, porque de él brotan
los manantiales de la vida.

Proverbios 4:23

Era tarde en la noche y estaba trabajando porque tenía un proyecto que debía entregar. El resto de la casa estaba en silencio y era el momento perfecto para adelantar mi trabajo. Pensé que si aprovechaba un par de horas, el proyecto avanzaría considerablemente. Pero no contaba con que sonaría el teléfono.

Cuando vi quién llamaba, enseguida contesté. Era la esposa de mi papá. Por la hora de la llamada y el nerviosismo de su voz me di cuenta de que el motivo no era bueno. Sus primeras palabras me dejaron sin habla: «Wendy, estoy saliendo para el hospital. A tu papá se lo llevaron los paramédicos. Le dio un infarto». Por supuesto, inmediatamente me levanté de la silla. Desperté a mi esposo y le dije lo que pasaba. En cuestión de minutos nos subimos al auto y salimos hacia el hospital.

Cuando llegué supe que no había sido solo un infarto. También sufrió tres paros cardiacos. Que hoy esté vivo es en realidad un milagro, tal y como le dijo el paramédico del equipo de emergencia que lo atendió antes de llevarlo al hospital. ¿La causa? Arterias obstruidas, un descuido en su salud.

El médico que lo atendió fue bien claro: «Si usted quiere vivir más, tiene que hacer un cambio radical y dejar el hábito que lo está matando».

Gracias a Dios que mi papá escuchó sus palabras. Ahora sabe que tiene que cuidarse mucho más que antes. Periódicamente visita al cardiólogo y lo someten a una prueba para comprobar el estado y la resistencia de su corazón. Prolongar la vida de este órgano vital implica un esfuerzo consciente de parte de mi papá. Y mientras más diligente sea, mayores serán las probabilidades de una vida más larga y sana.

¿Por qué te cuento esta historia? Porque la condición de nuestro corazón espiritual es muy semejante. Si no somos diligentes, lo exponemos a consecuencias que, sin dudas, serán muy malas, cuando no letales. Pero, ¿cómo cuidamos este otro corazón? Creo conveniente que comencemos por entender a qué se refiere la Escritura cuando usa la palabra «corazón» en el proverbio que leímos al principio.

El original hebreo usa un término que se translitera como *leb* y que quiere decir lo siguiente: hombre interior, mente, voluntad, entendimiento, pensamiento, sede de las emociones y pasiones, etc. Dicho con otras palabras, este proverbio nos advierte: *guarda la esencia de tu ser*. Y aunque tenemos también que cuidar nuestro cuerpo como templo del Espíritu Santo, en este caso la palabra tiene una connotación espiritual y emocional.

Además, necesitamos comprender que esa esencia, ese hombre interior, ha sido puesto por Dios en nosotros. Cuando Dios terminó de formar al hombre en el huerto de Edén «… sopló en su nariz el aliento de vida; y fue el hombre un ser viviente» (Gén. 2:7), el cuerpo del hombre fue hecho con algo muy primario: polvo de la tierra, pero su esencia vino directamente de Dios quien la sopló. Sin esto, el cuerpo no hubiera sido nada más que algo inanimado, pero ahora tenía vida, tenía alma. Era un ser hecho a semejanza de su Creador. Eso es lo que realmente quiere decir la expresión «ser viviente» al final del versículo 7, y es lo que nos hace diferentes del resto de la creación.

De manera que tenemos que cuidar esto que Dios ha puesto en nosotros y a lo que llamamos corazón, pero que va mucho más allá de un órgano cuya función vital nos mantiene vivos. Y es justo allí donde se toman las decisiones que nos hacen sabias o necias.

Ahora que ya lo tenemos claro, ¿qué hacemos?

PONGAMOS EL CORAZÓN EN SINTONÍA CON DIOS

Lo primero que debemos hacer, ya que ese ser espiritual fue creado por Dios, es alinearlo con Él. Nuestro corazón tiene que estar en sintonía con Dios. Cuando dos cosas están en sintonía, coinciden. Estar en sintonía con Dios, tener el corazón alineado con Él, quiere decir que aquello que alegra a Dios, nos debe alegrar. Lo que le entristece, nos debe entristecer. Tenemos que buscar que ambos «corazones» se parezcan, por decirlo de alguna manera.

La Biblia menciona a muchas personas, pero solo de una se dice que tuvo un corazón como el de Dios: el rey David (1 Sam. 13:14, Hech. 13:22). Eso es sumamente interesante porque, si conocemos bien su historia, ya sabemos que hubo muchas cosas en la vida de David que empañaron su corazón y, sin dudas, lo sacaron de estar en sintonía con Dios.

¿Cómo se explica entonces que Dios mismo nos diga que el corazón de David fue conforme a Su propio corazón? Creo que de una sola manera: David quería agradar a Dios, hacer Su voluntad, alinear su hombre interior, mente y voluntad, con su Señor y Creador. ¡Y no fue tolerante con su pecado! En muchas oportunidades leemos salmos de confesión y de arrepentimiento. David entendió que necesitaba que Dios limpiara su corazón porque esa era la única manera de vivir en plena comunión con Él.

Luego de la confrontación por parte de Natán, el profeta, a consecuencia de su episodio de adulterio con Betsabé y luego el asesinato de Urías, el rey cantor de Israel, escribió lo siguiente:

«Contra ti, contra ti solo he pecado, y he hecho lo malo delante de tus ojos, de manera que eres justo cuando hablas, y sin reproche cuando juzgas [...]. Crea en mí, oh Dios, un corazón limpio, y renueva un espíritu recto dentro de mí» (Sal. 51:4,10).

David sintió un dolor profundo después de aquellos sucesos; sabía que sus actos habían alejado su corazón del corazón de Dios. ¿Por qué? Porque conocía bien a Dios, tenía una relación estrecha con su Señor. Basta con leer el Libro de Salmos para percatarnos de que en los momentos de victoria, derrota, alegría, tristeza, temor y confianza, David corría hacia Dios. Hago un paréntesis. Un gran número de los salmos se le atribuyen a David. Si los leemos cuidadosamente veremos cuán transparente era su relación con Dios y cuán clara su comprensión de quién es Él. Dedica tiempo a leer este libro de la Biblia sin apuro y verás la riqueza que está encerrada allí.

Nosotros tenemos la revelación de Dios en Su Palabra. Es en la Biblia donde podemos llegar a conocerle, donde Él nos muestra quién es, cuál es Su carácter y cómo quiere que Su pueblo viva. Por ahí tenemos que empezar para cuidar nuestro corazón. Tenemos que nutrirnos de la Escritura y así cultivar nuestra relación con Dios. De lo contrario, estaremos exponiéndonos a toda clase de peligros. No podemos permitir que el mundo obstruya nuestras arterias con su falsa sabiduría y sus conceptos humanistas.

Del mismo modo que para tener un corazón saludable a nivel físico necesitamos ingerir alimentos que contribuyan a su buen estado, nuestro ser interior, el corazón emocional y espiritual, necesita que lo alimentemos bien, con comidas saludables. Y esa comida saludable es la Palabra de Dios.

En Salmos 19:7 leemos lo siguiente: «La ley del Señor es perfecta, que restaura el alma; el testimonio del Señor es seguro, que hace sabio al sencillo». El término «ley» que usa David, el salmista, significa instrucción, dirección, enseñanza, pero se refiere a toda la revelación de Dios para nuestra instrucción y abarca lo que creemos, lo que somos y cómo actuamos. Nos dice que es perfecta, una palabra hebrea que indica algo completo, suficiente. Es decir que en la Escritura se encuentra lo que necesitamos para nuestra vida espiritual.

Además, nos declara que la Palabra de Dios restaura nuestra alma. Restaurar es llevar algo a su estado original o reparar los daños que ha sufrido. ¡Qué descripción tan acertada para lo que hace la Palabra de Dios en un corazón! Nuestro corazón está defectuoso producto del pecado, pero la Palabra de Dios puede restaurarlo. Por eso, si realmente queremos llegar a ser mujeres sabias, necesitamos ser mujeres de la Palabra. De hecho, la segunda parte del versículo dice que el testimonio del Señor, otra manera de referirse a Su palabra, hace sabio al sencillo. Una vez más reafirmamos esta verdad: la Palabra de Dios es nuestra fuente de sabiduría, independientemente de cuánto conocimiento tengamos de todo lo demás.

Si lees el versículo que sigue en ese salmo (v. 8), verás que nos habla de la Palabra de Dios como mandamiento. No son sugerencias, no son buenas ideas para la vida. ¡Son los mandamientos de Dios! Además, nos dice que esos mandamientos son claros, es decir, que la Palabra no trae confusión, sino orden, ofrece claridad y discernimiento. Vivir en la Palabra cambia la manera en la que vemos la vida, porque ahora vemos con la verdad y la nitidez que nos brinda.

Tenemos el mandato de llenarnos de la Palabra de Dios, Pablo lo afirma en su carta a los colosenses: «Que la palabra de Cristo habite en abundancia en vosotros, con toda sabiduría...» (3:16). Mi hermana querida, ¿qué es lo que abunda en tu corazón? Es crucial que sea la Palabra de Cristo, porque lo que llene nuestra mente, llenará nuestro corazón.

Este es el primer paso para cuidar el corazón, pero no el único.

DIOS, EXAMINA MI CORAZÓN

El segundo paso es pedirle a Dios que examine nuestro corazón. ¿Recuerdas lo que te mencioné sobre los chequeos que ahora mi papá necesita con regularidad para ver el estado de su corazón? Así mismo nos toca hacer con el corazón espiritual. Dios es el «cardió-logo divino» a quien debemos visitar. La naturaleza humana es débil y en muchas ocasiones la vista se nos nubla y no vemos lo que está ensuciando nuestro corazón, tal y como dice otro de los Proverbios: «La gente puede considerarse en lo correcto según su propia opinión, pero el Señor examina el corazón» (Prov. 21:2, NTV).

Tenemos que venir delante de Dios dispuestas a que nos haga un examen profundo del corazón y, si es necesario, una cirugía. Sin embargo, esto no es algo esporádico, ni de domingo en domingo. Tiene que convertirse en una práctica cotidiana. Es necesario vigilarlo de cerca y pedirle a Dios Su intervención porque, como ya vimos, el corazón también es la sede de las emociones y pasiones. Dios nos hizo con ambas, el problema está cuando dejamos que sean estas quienes nos dirijan y no al revés.

Por ejemplo, cuando dejamos que las emociones negativas comiencen a expandirse, el corazón ya está en problemas. Un pequeño resentimiento se convierte en amargura. Ciertos logros nos llenan de orgullo y nos roban la humildad que Dios tanto anhela para Sus hijas, porque Él detesta la arrogancia. Lo que otros tienen nos produce envidia en lugar de alegría. ¡Pero a veces no nos damos cuenta! Como las arterias de mi papá, las de nuestro corazón espiritual se van obstruyendo hasta un día en que ya no pueden seguir desempeñando su función, el problema se agudiza y sufrimos un infarto espiritual.

Fue el propio David quien escribió estas palabras que siempre me han cautivado:

«Examíname, oh Dios, y conoce mi corazón; pruébame y conoce mis pensamientos; y ve si hay en mí camino de perversidad, y guíame en el camino eterno» (Sal. 139:23-24, RVR1960).

En Proverbios 4:26 (RVR1960), leemos: «Examina la senda de tus pies, y todos tus caminos sean rectos». En el original hebreo la palabra «examina» se translitera como *palac* y pudiera traducirse de varias maneras: considerar, pesar, nivelar, equilibrar, allanar. Me gusta la explicación del comentarista Matthew Henry: «Pon la palabra de Dios en una balanza; y lo que has hecho, o estás a punto de hacer, en la otra, y mira si se corresponden; examina si tu camino será bueno ante el Señor y si va a terminar bien».[1] Guardar el corazón también requiere que escojamos un camino recto, o dicho de otra manera, un camino que agrade a Dios, un camino de obediencia y sabiduría divina.

Sin embargo, hay algo que no podemos ignorar, no siempre lo que nuestro corazón siente o piensa nos hace bien. No podemos olvidar que tenemos un corazón sujeto a una naturaleza pecaminosa y, por lo tanto, no siempre tendrá pensamientos puros ni buenos. ¡Por eso tenemos que someternos a este examen cada día!

PROTEGE TU CORAZÓN

El tercer y último paso: cuida a qué cosas expones tu corazón, es decir, tu mente, tus pensamientos. Siempre les digo a mis hijos que nuestra mente es como una bolsa, y solo nosotros escogemos qué echar en ella.

¿Qué escuchas en la radio, qué miras en la televisión o en el Internet? A veces pensamos que no nos hará daño, que tenemos la madurez suficiente. Sin embargo, es un deterioro silencioso. Para volver a la analogía con las arterias, la obstrucción ocurre poco a poco, no de la noche a la mañana. El daño que nos hacemos al ver o escuchar cosas que no honran a Dios es lento, silencioso, pero con todo el potencial para provocar un infarto espiritual.

El mundo de las redes sociales, con todos sus beneficios, también nos ha creado un problema. Vivimos comparándonos. Unos minutos en Pinterest pueden hacer que nuestro corazón se llene de ingratitud porque nuestra casa no luce tan bella como las que estamos mirando allí. Las fotos de una amiga que muestran sus vacaciones en una paradisíaca playa del Caribe o sus viajes por una ciudad europea, nos provocan celos o envidia. ¿Por qué? ¿Será que no podemos usar las redes? ¡Claro que no! Lo que no puedo es dejar que las reacciones de mi corazón estén dictaminadas por unas cuantas fotos. Tengo que pedirle a Dios que me dé una perspectiva correcta. ¿Cuál? Alegrarme porque mi amiga pudo ir de vacaciones. Ver las casas lindas y, primero, darle gracias a Dios porque tengo casa. Segundo, recordar que, aunque como mujer me gustan las decoraciones y lo bello en mi hogar, no puedo dejar que eso me quite el gozo de vivir y disfrutar las bendiciones que ya tengo. Ser una mujer sabia es proteger mi corazón de la ingratitud y la envidia porque son pecados, deshonran a Dios y me enferman.

Algo que también tiende a obstruir y dañar nuestro corazón son las conversaciones. ¿De cuáles nos hacemos parte? Ya es sabido que a las mujeres nos gusta mucho conversar, pero la Palabra de Dios en sí nos advierte: «… las malas conversaciones corrompen las buenas costumbres» (1 Cor. 15:33, RVR1960). Un corazón sano y limpio no forma parte de los chismes ni de las conversaciones donde se critique o se difame. Es fácil caer en este hábito. Lo sé por experiencia propia. ¿Quieres una sugerencia? Cuando vayamos a reunirnos con amigas, pensemos de antemano en posibles temas saludables de conversación y decidamos que no nos subiremos al tren de la crítica y el chisme. Si nos hemos subido, ¡bajémonos pronto, no importa lo que cueste! Recuerda, no se trata de perfección. Dios nos ofrece Su gracia y con gusto nos tiende la mano si tan solo se lo pedimos, pero siempre es mucho mejor prevenir que curar. Oremos por esos encuentros, para que nuestras conversaciones siempre den gloria a Dios.

Mi querida amiga, todas estas decisiones, aparentemente sencillas, determinarán de qué se llena tu corazón. La mujer sabia escoge llenarlo de cosas puras, que honren a Dios y edifiquen a los demás.

Finalmente, quiero añadir algo: no se trata de algo que entra al corazón, sino que sale del mismo. Veamos lo que dice Jesús en Mateo:

«Lo que entra por la boca no es lo que los contamina; ustedes se contaminan por las palabras que salen de la boca […], pero las palabras que ustedes dicen provienen del corazón; eso es lo que los contamina. Pues del corazón salen los malos pensamientos, el asesinato, el adulterio, toda inmoralidad sexual, el robo, la mentira y la calumnia» (15:11,18-19, NTV).

Palabras fuertes, ¿verdad? Lo que realmente nos hace daño es lo que sale del corazón, tal como dice Mateo 12:34 (RVR1960): «... de la abundancia del corazón habla la boca». Nuestra conversación será el resultado de lo que guardemos en nuestro corazón. Y ya que este tema de las palabras tiene tanto peso en nuestras vidas, en el próximo capítulo vamos a adentrarnos en él. Por lo pronto, recuerda esta verdad: una mujer sabia cuida lo que sale de su boca y lo que guarda en su corazón, para mantenerlo puro.

¿Has visto las carreras de atletismo? Cada uno de los corredores va por un carril, saben que no pueden desviarse si quieren llegar a la meta. No pueden correr de lado, no pueden correr de espalda, tienen que correr hacia delante y enfocarse en avanzar. La vida cristiana es similar. Los ganadores saben que tienen que mantener el rumbo.

Guardar el corazón implica que no nos desviemos. El enemigo, Satanás, nos presentará supuestos atajos, opciones más «fáciles», decisiones aparentemente menos dolorosas... pero él es el padre de las mentiras. Esa es su función, engañarnos para que nos desviemos y nuestro corazón comience a llenarse otra vez de la basura que el Espíritu Santo ha limpiado. Tenemos que guardarlo y, para ello, seguir el camino que ya quedó establecido por Dios en Su Palabra e imitar a Cristo. La decisión de apartarnos del mal es nuestra.

Como mujeres, esposas y madres, debemos cuidar nuestros corazones espirituales tanto como cuidamos los físicos. Es una prioridad establecida por Dios. Guardar el corazón requiere que lo sometamos a un examen diario. No podemos depender de un chequeo anual, como hacemos con nuestro corazón físico, el corazón del alma y el espíritu requiere un chequeo cotidiano. Lee de nuevo el versículo del principio. El rumbo de nuestra vida dependerá en gran manera de qué hagamos con nuestro corazón. Y no olvidemos: «... pues Dios ve no como el hombre ve, pues el hombre mira la apariencia exterior, pero el Señor mira el corazón» (1 Sam. 16:7). ¡Seamos sabias con el corazón!

Oración: *Señor, no es el polvo y el desorden a plena vista lo que me molesta. Es ese polvo escondido... ya sabes, detrás del refrigerador, en los armarios, debajo de la cama. El polvo que nadie ve o conoce aparte de mí. Es igual con mi vida, Señor. Son esos pecados escondidos con los que no doy abasto... esas quejas, los rencores, los resentimientos, las emociones ásperas no expresadas, las actitudes de superioridad. Pensamientos y sentimientos que nadie conoce aparte de mí... y de ti, Señor. Ayúdame, Padre, a limpiar el corazón como limpiaría la casa. Quita todo el polvo y las telarañas del orgullo, los malos sentimientos y el prejuicio. El polvo detrás del refrigerador no va a dañar a nadie. El polvo en mi corazón, sí.*[2]

PARA PROFUNDIZAR

1. Seguro has escuchado la frase «sigue tu corazón». Con esa idea en mente, lee Jeremías 17:9. ¿Qué crees ahora? ¿Será bueno que «sigamos» a nuestro corazón?

_____

_____

_____

2. Muchas veces no vemos lo que está ensuciando nuestro corazón. Lee Salmos 19:12 y usa el pasaje como oración para que Dios te revele aquello que pudiera estar obstruyendo tus arterias espirituales y de lo cual no te has dado cuenta.

_____

_____

_____

3. En los pasajes siguientes encontrarás ciertas cosas que dañan el corazón. Busca los pasajes y enuméralas debajo: Proverbios 11:20, 12:20, 14:30, 18:8, 21:4; Eclesiastés 7:7; Hebreos 3:12.

_____

_____

_____

4. ¿Estás exponiendo tu corazón a cosas dañinas? ¿Cuáles pudieran ser? Menciona 3 pasos que darás para cambiarlo.

_____

_____

_____

CUANDO DE HABLAR
SE TRATA

Los labios del justo dan a conocer lo agradable...

Proverbios 10:32a

Recuerdo muy bien todas las veces que, siendo niña, mi abuela me repetía esta frase: «Las palabras son como el agua, una vez derramada, no podemos recogerla toda». ¡Sí que tenía razón! Desde entonces han pasado varios años, pero te confieso que más de una vez he derramado palabras que hubiera querido nunca pronunciar.

La Biblia habla mucho de nuestras palabras. De hecho, si hacemos una exploración rápida del Libro de Proverbios, descubriremos que un gran porcentaje de este libro se enfoca en nuestro hablar, en nuestras palabras y en la lengua. En los 31 capítulos del libro (si usamos la versión LBLA), la palabra «lengua» aparece 20 veces, «hablar» aparece cuatro veces y «palabras» aparece en 41 ocasiones. Por lo tanto, es fácil concluir que Dios quiere que prestemos atención a cómo hablamos y el uso que damos a las palabras.

Mi esposo y yo habíamos hecho varios planes para ese día, pero como dice el refrán, se volvieron sal y agua. En honor a la verdad, no me duele tanto que nuestros planes se desvanecieran como el haber perdido la batalla... ¡una vez más! Por supuesto, el enemigo de nuestras almas no perdió tiempo en recordarme mi derrota. ¿Qué batalla?, dirás tú. La batalla conmigo misma y con mi lengua; haber dicho cosas de las que luego me arrepentí.

Mucho se habla sobre si las mujeres pronunciamos más palabras que los hombres en un mismo día, y las estadísticas van desde el doble hasta tres veces más, pero no acaban de ponerse de acuerdo. Con base en las mujeres que conozco, incluyéndome a mí, coincido en que sí, normalmente hablamos más. Sin embargo, necesitamos aprender que la mujer sabia domina sus palabras, es decir, sabe cuándo hablar y cuándo no. Veamos qué dice Proverbios al respecto.

«El que mucho habla, mucho yerra; el que es sabio refrena su lengua» *(10:19, NVI).*

No siempre he sido sabia en este aspecto. Más veces de las que quisiera recordar o admitir he hablado de más o cuando no debía. Unos días después del mencionado incidente con mi esposo, Dios hizo que me «encontrara» con estas palabras en el Salmo 141:3: «Señor, pon guarda a mi boca; vigila la puerta de mis labios».

Las releí varias veces y pensé cuán bien entendía a David, el autor. ¡Yo también necesito un centinela, un guardia que me selle los labios y no me deje abrirlos cuando no deba! Lamentablemente, esto no es posible en el sentido literal de la frase. La única que puede hacer la función de centinela en este caso soy yo (o tú, si es que también tienes esta lucha). Es decir, dominar las palabras, refrenarlas antes de que salgan de nuestra boca.

Si mi esposo hizo algo que me molestó, la reacción acalorada del momento pudiera producir palabras de las que después posiblemente me tenga que arrepentir, ¡por experiencia lo digo! Más vale refrenarme. Si estoy muy enojada con uno de mis hijos, es probable que las palabras que diga en ese instante no sean muy sabias. Es mejor dejarlo para después, cuando esté más calmada. En esto tampoco estoy libre de culpa.

Creo que uno de los momentos en que más me ha confrontado el Espíritu Santo al estudiar la Biblia fue un día mientras leía Santiago, célebre ya por el asunto de la lengua:

«Si afirmas ser religioso pero no controlas tu lengua, te engañas a ti mismo y tu religión no vale nada» (1:26, NTV).

Me quedé, así como quizá estés tú ahora, sin habla. ¡Hasta qué punto valora Dios nuestro hablar! No podemos tomar a la ligera las advertencias de Su Palabra. Dios toma muy en serio lo de refrenar nuestra lengua. No es cosa de juego ir por la vida diciendo todo lo que pensamos sin sopesar las consecuencias y dando rienda suelta a nuestras palabras; pero como vivimos en una sociedad que no sabe refrenarse, en ningún sentido, nos cuesta mucho hacerlo. Creemos que la libertad de expresión lo justifica todo. Sin embargo, en pocas palabras el Señor nos dice por medio de Santiago que de nada vale todo lo demás que hagamos, a nombre de ser cristianas, si no ponemos freno a este músculo pequeño al que llamamos lengua.

En otras ocasiones, sin embargo, nuestras palabras sí son necesarias. Con esto también he batallado. Alguien hizo un comentario hiriente, por ejemplo, pero por evitar la confrontación, no dije nada. ¿Qué pasó? Me quedé rumiando lo sucedido, pensando una y otra vez lo que debía haber dicho y no dije. Este método crea más problemas que soluciones porque al final esas palabras no dichas tienden a convertirse en resentimientos que crean distancia en las relaciones. Nos volvemos pacifistas y no pacificadoras; pero el pacifismo nunca ha resuelto ningún conflicto, porque a la larga, el problema vuelve a surgir.

Es crucial que escojamos sabiduría en esto también. ¿Cómo? Siguiendo el principio que nos da otro proverbio: «Como manzanas de oro en engastes de plata es "la palabra dicha a su tiempo"» (Prov. 25:11, énfasis de la autora). La clave está en el momento. Pidámosle al Señor que nos enseñe a hablar a tiempo, en el momento idóneo, o a callar. El pastor de la iglesia donde crecí siempre decía: «Nunca me he tenido que arrepentir de lo que no he dicho». ¡Qué palabras tan sabias!

Volviendo a los ejemplos anteriores, si nos enojamos con nuestros hijos, una vez controlado el enojo, es sabio que conversemos. Eso mantendrá abierta la comunicación. Y por supuesto, si dijimos algo inadecuado, este es el momento ideal para pedir perdón, lo que además les mostrará nuestro lado humano y la realidad del perdón de Dios.

Del mismo modo, cuando se trata de nuestros esposos. No resolvemos nada con darles la espalda en la cama y dormirnos furiosas. Para empezar, eso es contrario a lo que la Palabra nos enseña en Efesios 4:26b-27, y que tan bien conocemos: «… No permitan que el sol se ponga mientras siguen enojados, porque el enojo da lugar al diablo» (NTV). Hagamos una pausa y leamos la última parte de ese versículo: «… el enojo da lugar al diablo». Cuando comenzamos a decir cosas que no son edificantes y cuando nuestras actitudes se vuelven necias y arrogantes, ¡nada de eso viene de Dios! Por otro lado, es mejor dejar que los ánimos se calmen y luego conversar. He probado este método y me resulta. PERO, y lo escribo con mayúsculas para que prestemos atención, la pausa no puede ser tan larga que dé paso a la distancia. Eso tampoco viene de Dios. No usemos el pretexto de «necesito un tiempo para refrescar» al punto que el orgullo nos impida ver con claridad y demos lugar al alejamiento que, sin dudas, levantará una barrera en la relación que luego será difícil derribar.

Refrenar las palabras es una manera segura de hablar lo necesario, en el momento indicado.

Un refrán popular dice: «Yo soy tan fea, como tan franca». ¿Alguna vez has conocido a alguien que, a nombre de la sinceridad, dice las cosas como primero vienen a su mente? Yo sí, y no es un cuadro agradable. Por ejemplo, una amiga a quien hace mucho tiempo no ves te saluda diciendo: «¡Cómo has engordado!». O tal vez su expresión fue: «¿Te pasa algo? Noto que estás muy delgada». Pudiera ser que nosotras mismas, sin pensarlo dos veces, comencemos a ofrecer consejos no solicitados a otra mamá que está batallando con su hijo en el mercado o en el pasillo de la iglesia. «Si fuera yo…». «Cuando mis hijos se portaban así, yo…». «¡Si fuera mi hijo…!».

Recuerdo esas ocasiones en las que también he pronunciado palabras sin «filtrarlas»; frases que luego lamento porque no fueron bien escogidas. Veamos un proverbio que nos habla de ese tema.

«El corazón del justo medita cómo responder…» (Prov. 15:28a).

No siempre podemos decir todo lo que pensamos, o de la manera en que lo pensamos. Es necesario aprender a pensar antes de hablar. ¿Qué hacer entonces? Tenemos que entrenar nuestras mentes para que se detengan antes de hablar. El cerebro es un músculo y, como todo músculo, necesita ejercicios para dar su máximo potencial. En este caso en particular, algo que me ayuda es hacerme las siguientes preguntas:

¿Son necesarias mis palabras?
¿Van a beneficiar o a perjudicar?
¿Podría expresarlo de otra manera, con amor y sin herir?

La Palabra de Dios nos exhorta a decir siempre la verdad, de modo que no se trata de que «adornemos» las cosas o que no seamos sinceras. Es cuestión de considerar lo que digo y revestirlo de amor, tal y como nos indica Pablo en este versículo: «Sino que hablando la verdad en amor, crezcamos en todos los aspectos en aquel que es la cabeza, es decir, Cristo» (Ef. 4:15).

Aprender a decir la verdad con amor es un requisito para el discípulo de Cristo, y hacerlo nos lleva a parecernos más a Él. ¿Acaso no es esa la meta de toda mujer sabia, llegar a ser como su Señor?

Hace años estaba en una reunión y se suscitó una discrepancia entre algunos de los asistentes. El asunto se fue acalorando, el tono cambió y las palabras dejaron de ser amables para convertirse en duras, casi ofensivas. En medio del conflicto uno de los participantes intervino y lo que dijo nunca se me olvidará, creo que al resto de los presentes les sucedió igual. Estas fueron sus palabras: «Una verdad dicha sin amor es crueldad». Se hizo silencio y los presentes reconocieron la sabiduría de lo dicho. Luego vinieron las disculpas y gracias a Dios la reunión pudo continuar.

Esto me hace recordar a nuestra conocida mujer ejemplar de Proverbios 31, porque ella también nos dejó un legado en cuanto al tema de las palabras bien escogidas: «Cuando habla, lo hace con sabiduría; cuando instruye, lo hace con amor» (31:26, NVI). Otras versiones dicen que hay bondad en su lengua. Esta mujer dominaba el arte de seleccionar sus palabras para hablar con amor. ¡Cuánto tenemos que aprender de ella! Mujeres mandonas sobran, mujeres que enseñen o manejen su hogar con bondad son casi una especie en extinción. Sin embargo, a ese grupo nos ha llamado Dios, al grupo que marca la diferencia, al grupo que imita a Cristo; y si estudiamos todos los Evangelios, veremos que en las palabras de Jesús nunca faltó la bondad, incluso cuando lidiaba con Sus enemigos.

Es difícil controlar nuestra lengua, lo sé. Me gustaría poder decir que lo hago cada vez que abro la boca, pero estaría mintiéndote. Sin embargo, no es imposible. Dios nos ha dado la capacidad. El dominio propio es parte del fruto del Espíritu Santo en la vida del creyente. Así que es cuestión de someternos a Su guía y obedecer en nuestro corazón. Digamos como el apóstol Pablo que, aunque no lo hemos logrado todavía, proseguimos a la meta.

No todos los días me despierto y lo primero que viene a mi mente es un versículo de la Biblia. Créeme que estoy muy lejos de eso y no pretendo sonar súper espiritual con lo que voy a contarte. ¡Al contrario! Pero aquel día en particular abrí los ojos y por alguna razón ciertas palabras resonaron en mi mente más fuerte que la alarma de mi teléfono celular que se encarga de recordarme que llegó la hora de despedirse de la cama: «Sea vuestra palabra siempre con gracia, sazonada con sal», son palabras de Colosenses 4:6 (RVR1960).

Volví a pensar de nuevo en la parte de «sazonada con sal». ¿Por qué estaba trayendo Dios estas palabras a mi mente tan temprano? Y te digo que fue Dios porque normalmente a esa hora yo solo pienso en dos cosas: qué voy a preparar de almuerzo a los niños para la escuela y qué me aguarda en la agenda del día. Así es. Nada muy espiritual... al menos no hasta que llego a mi cocina, corro las cortinas y miro al cielo. ¡Entonces siempre me gusta darle gracias a Dios por el nuevo día!

Bueno, volviendo al tema de la sal. Las que cocinamos sabemos que cuando este sencillo ingrediente falta, todo queda desabrido. Es verdad que podemos echar otras cosas para dar sabor, pero la sal da un punto especial, ¿no es cierto? Entonces, sazonar mis palabras con sal, ¿qué quiere decir? Darles sabor, que el que las reciba las encuentre apetecibles. ¿Qué podría pasar en este día que Dios me estaba recordando esta frase tan temprano?

La verdad, no había nada especial, pero Dios sabe que necesito este recordatorio, y bastante a menudo. Verás, cuando hablamos tenemos la opción de decir palabras desabridas, o palabras bien sazonadas.

Mira la traducción que nos da la Nueva Traducción Viviente de este mismo versículo: «Que sus conversaciones sean cordiales y agradables». ¿Será acaso que vamos por la vida diciendo cosas feas? No necesariamente, pero en muchos casos lo que decimos no resulta cordial ni agradable. Y quizá no sea intencional, simplemente que decidimos quitarle «la sal» a lo que vamos a decir. Presentar las palabras de manera insípida... es algo así como la comida que sirven en el hospital.

Para entenderlo mejor, te invito a examinar estas dos palabras. «Cordial», según la Real Academia Española, es algo que tiene virtud para fortalecer el corazón. ¿Viste eso? Dios nos manda por boca de Pablo a usar palabras que fortalezcan el corazón. ¡Tantas veces he dicho palabras que hacen cualquier cosa menos eso! Sin embargo, como dice Lysa TerKeurst en su libro *Emociones fuertes*: «Voy progresando de manera imperfecta».[1] Es decir, no lo he superado por completo, pero con el poder de Cristo que está en mí, en la persona del Espíritu Santo, lo sigo intentando y voy avanzando.

Por tanto, cuando abra mi boca, tengo que asegurarme de que lo que salga sea para fortalecer el corazón de quien me escucha y no para destruirlo, entristecerlo o apabullarlo. Gran reto.

En este libro hemos mencionado varias veces al rey David porque creo que su vida encierra un legado de muchas cosas, entre ellas, sabiduría. David y Jonatán, el hijo del rey Saúl, tuvieron una amistad como pocas y me gustaría mencionar un pasaje que nos hace pensar en esto de las palabras cordiales que fortalecen el corazón.

«Y Jonatán, hijo de Saúl, se levantó y fue a donde estaba David en Hores, y le fortaleció en Dios. Y le dijo: No temas, porque la mano de Saúl mi padre no te encontrará, y tú reinarás sobre Israel y yo seré segundo después de ti; Saúl mi padre también sabe esto. Hicieron los dos un pacto delante del Señor; y David permaneció en Hores mientras Jonatán se fue a su casa» (1 Sam. 23:16-18).

Es muy probable que, como yo, hayas leído antes esta historia, pero sin detenerte a pensar en los detalles. Yo creía que el último encuentro entre David y Jonatán había sido cuando establecieron su pacto de amistad y luego David salió huyendo de Saúl; pero este pasaje nos dice que Jonatán vuelve a arriesgar su vida por su amigo David. Sin embargo, lo que más me cautiva es que él hizo aquel viaje con un solo objetivo: darle ánimo a David. ¡Qué amistad tan maravillosa! Jonatán entendió que en aquel momento que David estaba viviendo, una palabra de ánimo representaba mucho. Y eso fue justo lo que hizo.

Solo toma unos pocos minutos hacer una llamada o escribir un correo electrónico que le deje saber a otra persona cuánto la valoramos, cuánto apreciamos la ayuda que nos dio, e incluso la palabra que nos dijo en cierto momento. En más de una ocasión he sido la receptora de palabras así ¡y cuánto lo agradezco! Me encanta lo que dice Proverbios 12:25: «La ansiedad en el corazón del hombre lo deprime, mas la buena palabra lo alegra». Nunca podremos saber exactamente el impacto de nuestras palabras de aliento, ¡pero basta con pensar que pudieran cambiar el mundo de una persona, o su día!

La segunda palabra del pasaje que Dios trajo a mi mente aquella mañana es «agradable». Creo que esta no requiere mucha explicación. Es sencillo, lo que digo tiene que producir un efecto de agrado en la persona que me escucha. Otra vez un reto. Muchas veces lo último que está en mi mente es cómo se va a sentir la persona que me escucha, solo me importa cómo yo me siento y lo que quiero decirle. ¿Te pasa a ti también? Es el pecado en nosotras que da prioridad al yo, el egoísmo innato de nuestra naturaleza caída. Una mujer sabia, a la manera de Dios, sazona su conversación con palabras agradables.

La verdad es, amiga lectora, que vivir la vida como Dios la diseñó es un gran desafío, no te quepa duda; pero no es imposible. Tenemos en nosotros el Espíritu Santo y Su poder; poder que Cristo nos dijo que obrará en nosotros y nos ayudará en nuestra debilidad.

Sazonar nuestras palabras con sal, es decir, fortaleciendo corazones y produciendo agrado en otros, no es una opción, es algo que el Señor nos manda a hacer. ¿Qué tal si lo probamos e intentamos pensar en esto antes de hablar? ¿Fortaleceré el corazón de quien me escucha? ¿Mis palabras le producirán agrado?

No sé si mañana Dios me despertará con algún otro reto, con este tengo bastante por ahora, pero te digo algo: me gusta la comida bien sazonada. Me esfuerzo para que los platos que preparo para mi familia y amigos tengan buen sabor. ¿Qué tal si aplico este principio culinario a mi manera de hablar? Antes de «servir» palabras, vamos a echarles sal.

PALABRAS DE VIDA

En mi blog he hablado mucho de este tema de la lengua porque, como mujer al fin, en mi vida abundan las palabras, pero no siempre son palabras de vida. Lee con atención este proverbio: «Muerte y vida están en poder de la lengua, y los que la aman comerán su fruto» (Prov. 18:21).

¿Por qué decimos que la lengua puede traer vida o muerte si en realidad es imposible matar a alguien usando la lengua? Bueno, no podemos hacerlo en el sentido literal; sin embargo, no hay nada que hiera más que las palabras. Piénsalo. Un golpe nos duele en el momento y quizá incluso tengamos que tomar algún medicamento, ponernos una venda, un yeso o en el peor de los casos, someternos a una cirugía. Sin embargo, con el tiempo nos recuperamos.

No sucede igual con las palabras. Pasan semanas, meses y hasta años, pero cierta frase o comentario sigue con nosotros, o con la persona a quien se lo expresamos. En lugar de animarlo, levantarlo o edificarlo, nuestras palabras mataron el sueño, la ilusión o el propósito de quien las recibió. Tal es así que muchas veces nos hacen comentarios positivos y luego no los recordamos. No obstante, a menudo un solo comentario negativo es suficiente para desanimarnos y, en algunos casos, hasta paralizarnos.

El Señor Jesús nos hace una seria advertencia, y seremos sabias si no la olvidamos: «Les digo lo siguiente: el día del juicio, tendrán que dar cuenta de toda palabra inútil que hayan dicho» (Mat. 12:36, NTV). Palabras inútiles, es decir, palabras que no traen nada productivo. ¿Para qué decirlas entonces?

En su carta a los efesios, el apóstol Pablo nos da el siguiente mandato: «Ninguna palabra corrompida salga de vuestra boca, sino la que sea buena para la necesaria edificación, a fin de dar gracia a los oyentes» (Ef. 4:29). Nuestras palabras tienen que ser dichas con un objetivo, el de edificar o levantar a quienes las escuchen. Deben producir vida y no muerte. Cuando hablamos de esa manera es como si estuviéramos regando una planta. Lo que decimos ayudará a que la persona crezca, florezca y se desarrolle.

Como dijimos anteriormente, la vida cristiana es una carrera donde vamos perseverando mientras Dios, como un entrenador tenaz, nos hace practicar una y otra vez los mismos ejercicios hasta que por fin los dominemos.

Cada una de nosotras tiene su propia lucha. A mí nunca me van a faltar oportunidades para hacer de centinela y guardar mis labios y mi lengua. Mi naturaleza humana es débil y me traiciona. A Pablo el apóstol también lo agobiaban sus luchas, pero la respuesta que Dios le dio a él es la misma que nos da hoy a ti y a mí. Lee detenidamente estas palabras: «Y Él me ha dicho: Te basta mi gracia, pues mi poder se perfecciona en la debilidad. Por tanto, muy gustosamente me gloriaré más bien en mis debilidades, para que el poder de Cristo more en mí [...]; porque cuando soy débil, entonces soy fuerte» (2 Cor. 12:9-10).

No me amedrentaré ante esta debilidad; más bien dejaré que Dios la use para perfeccionar Su poder en mí y acudiré a Su gracia para poner centinela a mi boca, refrenar mi lengua y recordarle al enemigo que la victoria es nuestra porque, aunque podamos perder algunas batallas, Jesús ganó la guerra.

Ya sea que te consideres una persona muy habladora o no, decide ser sabia con tus palabras. Refrénalas, escógelas bien, sazónalas para que sean cordiales y agradables, úsalas para dar vida porque el «corazón del sabio enseña a su boca...» (Prov. 16:23a).

Oración: *Señor, perdóname. Tantas y tantas veces no he refrenado mis palabras, no las he escogido y tampoco he dado vida con ellas. Sé que pudiendo edificar, he destruido; que en lugar de dar ánimo he desanimado o herido. Sé que en ocasiones mis palabras han incitado el conflicto. Perdóname. Quiero ser una mujer sabia que con sus palabras produzca vida. Que use mi lengua para edificar, para animar, para sanar y para traer la paz. ¡Dame sabiduría, Dios! ¡La necesito tanto! Ayúdame a tener dominio propio, Espíritu Santo. Que mis palabras sean de bendición y que sepa morderme la lengua para refrenarlas. Líbrame de hablar cuando no sea necesario y dame valentía para hacerlo cuando sea oportuno. Te alabo porque tú nos das palabras de vida, y nos regalas tu Palabra viva para cambiar nuestras mentes y corazones. ¡Gracias! En el nombre de Jesús, amén.*

PARA PROFUNDIZAR

1. Lee Proverbios 21:23. ¿Estás de acuerdo?
¿Puedes recordar una experiencia en particular
en la que hayas vivido este principio?

_____

_____

_____

2. Nuestras palabras pueden producir diferentes resultados.
Lee los siguientes pasajes y anota cuáles: Proverbios 11:11; 13:2a;
10:32; 12:25; 25:15b; 12:18; 15:4; 15:1.

_____

_____

_____

3. ¿Qué caracteriza más tus palabras? ¿Cuál de estos resultados
vas a cambiar en la próxima semana? Memoriza el versículo que
te sirva de apoyo.

_____

_____

_____

4. Lee Colosenses 4:6, si es posible en varias versiones. (Puedes
usar www.biblegateway.com). ¿Son así nuestras conversaciones?

_____

_____

_____

5. ¿Qué hace una mujer sabia antes de hablar?
(Encuentra la respuesta en Proverbios 15:28).

_____

_____

4

TODA OÍDOS

Cesa, hijo mío, de escuchar la instrucción,
y te desviarás de las palabras de sabiduría.
Proverbios 19:27

—Tú no me estás escuchando.

—Sí, te estoy oyendo.

—Exacto, me estás oyendo, pero ¡no me estás escuchando!

¿Alguna vez has sido parte de un diálogo semejante? En el capítulo anterior hablamos de la lengua, de las palabras. Ambas cosas son elementos clave en la comunicación; sin embargo, la comunicación consta de dos partes, hablar y escuchar. Supongo que todas estamos de acuerdo con que la primera parte es mucho más fácil que la segunda.

Pero, ¿por qué hago énfasis en esto si por lo general las mujeres siempre estamos dispuestas a oír lo que otros nos dicen? Tal vez para empezar nos ayude establecer la diferencia básica que existe entre oír y escuchar… ¡y de paso entender mejor el diálogo del principio! Veamos las definiciones:

oír:

1. tr. Percibir con el oído los sonidos.[1]

escuchar:

1. tr. Prestar atención a lo que se oye.[2]

Cuánto ayudan los diccionarios, ¿verdad? Muchas veces oímos (percibimos los sonidos), pero no escuchamos (no prestamos atención). Oír es algo que ocurre sin que lo controlemos, ¡hasta dormidas podemos oír! Tal es así que por eso nos despertamos con la alarma del reloj o del teléfono, o con el llanto de un hijo en la noche. Es un sentido que se activa por sí solo ante la presencia de sonidos. Sin embargo, escuchar es un proceso más complicado, y sin ponernos muy teóricas, me pareció interesante compartir contigo lo que leí en este artículo del periódico *New York Times*, escrito por un experto en la materia:

«La diferencia entre el sentido de la audición y la habilidad de escuchar es la atención. [...] cuando en realidad se presta atención a algo que usted está escuchando, ya sea su canción preferida o el gato maullando durante la cena, entra en juego una vía "jerárquica" separada. En este caso, las señales se transmiten a través de una vía dorsal de su corteza cerebral, la parte del cerebro que hace más cálculos, lo que le permite concentrarse activamente en lo que usted está escuchando e ignorar imágenes y sonidos que no son tan importantes de momento [...].

La audición, en definitiva, es fácil… Es su cuerda de salvamento, su sistema de alarma, el camino para escapar del peligro y transmitir sus genes. Sin embargo, escuchar, escuchar de verdad, es difícil cuando las posibles distracciones saltan a los oídos cada cincuenta milésimas de segundo, y las vías en el cerebro están a la espera de interrumpir su atención para advertirle de los posibles peligros. Escuchar es una habilidad que estamos en peligro de perder en un mundo de distracciones digitales y sobrecarga de información».[3]

¿Estamos más claras ahora en cuán diferente es escuchar de oír? Yo sé que es cierto y me pasa. Quiero que la gente me escuche, pero en múltiples ocasiones solo oigo a los demás. Si queremos que nos escuchen, tenemos que aprender a hacerlo nosotras también… ¡y esto incluye hasta nuestros hijos pequeños! Sé que no es fácil, créeme. Sin embargo, vale la pena, porque escuchar tiene altos dividendos.

En el capítulo 1 del Libro de Proverbios, donde se nos hace una pequeña introducción, dice así: «Que el sabio escuche estos proverbios y se haga aún más sabio...» (v. 5, NTV). Es una especie de círculo: el sabio entiende que escuchar le hace más sabio todavía. El apóstol Santiago, que tanto nos habla de la lengua, captó bien este concepto: «Mis amados hermanos, quiero que entiendan lo siguiente: todos ustedes deben ser "rápidos para escuchar", lentos para hablar...» (Sant. 1:19, NTV, énfasis de la autora). Para llegar a ser mujeres sabias tenemos que ser maestras en el arte de escuchar. Pero, ¿por dónde comenzamos? ¿Cómo nos convertimos en sabias por escuchar? Tenemos que empezar por aprender a escuchar a Dios.

 ESCUCHAR A DIOS

Nuestra relación con Dios muchas veces parece más que nada un monólogo. Le hablamos sin parar, le presentamos largas listas de necesidades, sueños, deseos, problemas. Cuando terminamos, decimos «amén» y nos vamos de regreso a nuestras tareas.

Ahora hagamos un ejercicio de imaginación. Imagina que tienes dos sillas. En una estás tú sentada y en la otra está Dios. Llegas a conversar con Él, pero no le dejas hablar porque necesitas exponerle tu lista. ¡Es súper importante! Él te escucha pacientemente. No revisa el teléfono, ni mira el reloj, ni bosteza, ni siquiera se mueve. Está allí, escuchándote, tal y como tú quieres.

Por fin terminas con tu lista, y pareciera que es el turno de Dios para hablar. ¡Pero no! Te levantas y cortésmente le das las gracias por Su atención, y le comentas apurada que tienes otra larga lista, esta vez de cosas por hacer, por lo tanto, tu tiempo con Él se ha terminado. Te despides hasta el próximo encuentro y te vas, dejando a Dios sentado en Su silla, sin proferir una palabra.

No parece muy lindo, ¿verdad? No creo siquiera que nos atreveríamos a hacerle algo así a una amiga. Sin embargo, ¡demasiado a menudo tú y yo hacemos esto con Dios! No dedicamos tiempo a escucharle. El encuentro se reduce a que Él nos escuche a nosotras. ¡Qué locura! ¿Qué nos ha hecho pensar que hay algo más importante que escuchar a Dios? Sí, es muy probable que no escuchemos Su voz audible de este lado de la eternidad, pero Dios tiene varias maneras de hablarnos... si nos detenemos a escucharle.

El problema está en que en este mundo agitado en que vivimos no queremos hacer tiempo para escuchar a Dios. Queremos de Él lo mismo que podemos conseguir con tocar una tecla, deslizar el dedo por una pantalla o pedir en la ventanilla del auto. ¡Respuesta instantánea! Queremos oírle, pero no escuchar; porque recuerda, escuchar implica prestar atención.

Lo interesante es que Dios anhela que le escuchemos. Mira lo que dice este pasaje del Libro de Salmos: «¡Oh, si mi pueblo me escuchara! ¡Oh, si Israel me siguiera y caminara por mis senderos!» (81:13, NTV). Está en el corazón de Dios que le escuchemos, que le prestemos atención. Entonces, ¿cómo lo hacemos?

Bueno, quisiera poder darte una fórmula, tres pasos y ya, pero no es así. A Dios no podemos meterlo en una caja ni mucho menos en una lista. Sin embargo, Él ya nos ha dado un lugar donde podemos conocerle, donde nos revela quién es, nos cuenta de Sus planes, nos da Su consejo. Ese lugar es la Biblia. Cada vez que la tomes en tus manos pídele que te hable y que te dé un corazón que escuche. No termines tu tiempo a solas con Él antes de estar convencida de haberle escuchado. Dios nos promete en Su Palabra que cuando clamamos a Él, nos responde; nos dice que, si lo buscamos, lo encontraremos. Él hace Su parte, hagamos nosotros la nuestra.

Es casi imposible hablar de este tema y pasar por alto la historia de Marta y María que se nos narra en Lucas 10. La agitación de nuestros quehaceres y responsabilidades muchas veces nos impide escuchar. Fíjate lo que dice el versículo 40: «Pero Marta se preocupaba con todos los preparativos...». Cuando estamos preocupadas, no podemos escuchar. Quizá estemos oyendo, pero no escuchando. María, que al parecer no era tan obsesiva como Marta cuando de detalles se trata (creo que María tenía un temperamento melancólico ¡y Marta seguro era colérica!), entendió que en ese momento de su vida escuchar a Jesús tenía la prioridad. Para todas aquellas que tenemos tendencia a ser Martas: a Jesús no le importa tanto lo que podamos hacer por Él como la relación que pueda tener con nosotras. No nos distraigamos y hagamos un alto para escuchar.

Y claro, como ya definimos que escuchar es prestar atención, es evidente entonces que este «escuchar» tiene sus implicaciones. Es necesario analizar, considerar, interiorizar lo que escuchamos. Cuando estés en tu tiempo a solas con el Señor, en un servicio de tu iglesia, un estudio bíblico, una conferencia, entre otros, toma notas. No dependas de la memoria porque la realidad es que las cosas se nos olvidan. Anota para que puedas repasar lo escuchado y luego ponerlo en práctica, de nada vale quedarnos solo en la primera parte. Dios nos enseña claramente que, si no aplicamos lo aprendido, nos estamos engañando a nosotras mismas; al mismo tiempo, hay sabiduría y buenos resultados si decidimos obedecer, escuchar:

«Sed hacedores de la palabra y no solamente oidores que se engañan a sí mismos. Porque si alguno es oidor de la palabra, y no hacedor, es semejante a un hombre que mira su rostro natural en un espejo; pues después de mirarse a sí mismo e irse, inmediatamente se olvida de qué clase de persona es. Pero el que mira atentamente a la ley perfecta, la ley de la libertad, y permanece en ella, no habiéndose vuelto un oidor olvidadizo sino un hacedor eficaz, éste será bienaventurado en lo que hace» (Sant. 1:22-25).

Jesús nos enseñó que escucharle a Él y, por consiguiente, Sus palabras, es una ecuación directamente proporcional. Mientras más escuchemos con atención, más comprenderemos. En una ocasión cuando hablaba a los que le seguían, les dijo: «Presten mucha atención a lo que oyen. Cuanto más atentamente escuchen, tanto más entendimiento les será dado, y se les dará aun más. A los que escuchan mis enseñanzas se les dará más entendimiento, pero a los que no escuchan, se les quitará aun lo poco que entiendan» (Mar. 4:24-25, NTV). De manera que, si decidimos en nuestro corazón escuchar diligentemente, recibiremos cada vez más comprensión de las verdades que Dios nos revela.

Ahora bien, es obvio que este arte de escuchar incluirá muchas otras cosas. ¿Qué más escucha la mujer sabia?

 ## ESCUCHA EL CONSEJO

Un viejo refrán de mi país dice: «El que no oye consejos, no llega a viejo». Quizá lo habías escuchado antes. ¡Es muy cierto! Y digo más, puede incluso que lleguemos a la vejez sin haber prestado atención a consejos, pero te garantizo que entonces lo haremos repitiendo una y otra vez los mismos errores o tomando decisiones desacertadas, porque no escuchamos. No fuimos sabias.

Si yo pudiera regresar en el tiempo, ¡cuántas cosas cambiaría! ¿Y sabes? La mayoría de esas cosas erradas fueron el producto de no escuchar consejos, ya fueran de Dios o de personas. En Proverbios 19:20 se nos dice: «Escucha el consejo y acepta la corrección, para que seas sabio el resto de tus días».

Una mujer sabia escucha consejos, y quiero partir de que hemos escogido consejeras o consejeros temerosos de Dios, que viven lo que aconsejan y por sobre todas las cosas, aconsejan de acuerdo con la Palabra de Dios. Como hija de luz no puedes buscar consejos en la oscuridad. Esto también es un ejemplo del yugo desigual. Si buscas consejo en el mundo, la perspectiva del mundo es lo que recibirás. ¿Problemas en el hogar, con tu esposo, los hijos? No pidas ayuda a alguien cuyos valores no están cimentados en la verdad de Dios.

Ahora bien, ya que decidimos buscar buenos consejeros, no hacemos nada con pedir consejo si no los vamos a escuchar, si no les vamos a prestar atención. Estoy segura de que puedes citar ejemplos de alguien que recibió buenos consejos, quizá tú misma los diste, invertiste tu tiempo… ¡y luego la persona lo tiró todo por la ventana!

O tal vez hemos sido nosotras mismas quienes, luego de escuchar consejos, decidimos prestar oídos sordos.

Recuerdo varias ocasiones cuando era adolescente en que mi mamá me decía: «Esa amistad no te conviene, no es buena». Pero, típico de la edad, decidía que mi mamá no sabía nada y yo tenía toda la razón del mundo… ¡hasta que pasaba un tiempo y veía que mi mamá estaba en lo cierto porque todo sucedía tal y como ella lo había vaticinado! Proverbios 13:18 nos enseña: «Pobreza y vergüenza tendrá el que menosprecia el consejo…» (RVR1960). Es de sabios prestar atención a los consejos, ¡y de necios ignorarlos! Si tienes la bendición de contar con buenos consejos, no los menosprecies. Si hoy estás escuchando un consejo, préstale atención. Una mujer sabia entiende que «… en la abundancia de consejeros está la victoria» (Prov. 24:6).

 ## PRESTA TUS OÍDOS

Por último, dominemos el arte de escuchar para beneficiar a otros. Sé que a veces se nos hace difícil. Estamos apuradas, no nos parece importante, la persona está tomando demasiado de nuestro tiempo. Pero, ¿sabes?, muchas personas solo necesitan eso, alguien que los escuche. No siempre quieren una opinión, quizá ni siquiera buscan la solución a su problema, solo un oído que les preste atención. Sucede a menudo con los ancianos, por ejemplo. Una buena parte de ellos pasa mucho tiempo en soledad. Por eso, cuando los visitamos o los llamamos por teléfono, tenemos que disponernos a escucharlos. ¡Es muy probable que salgamos sorprendidas por las cosas que aprendemos!

Como dije al principio, nos pasa también con nuestros hijos. Sus conversaciones pudieran parecernos irrelevantes cuando son pequeños. Pero si no les mostramos interés y atención cuando nos hablan en esa edad, créeme que cuando sean mayores, buscarán otro oído que los escuche porque darán por sentado que, al igual que cuando eran pequeños, su conversación no nos interesa. Y aunque no sea el caso, tendremos que trabajar muy fuerte para cambiar esa percepción. De modo que es mejor comenzar desde temprano y entrenarnos en escucharlos. Por cierto, cuando de verdad lo hacemos, descubrimos por qué Jesús dijo que para entrar en el reino de los cielos debemos ser como niños. ¡Ellos nos enseñan tantas cosas! Es refrescante escuchar su perspectiva de la vida, mucho más sana y pura.

Hace unos días mi hija y yo tuvimos una conversación. No fue una conversación muy fácil. Habíamos tenido un disgusto. Yo estaba enojada. ¡Muy enojada! Pero esa voz callada dentro de mí me decía: *Escucha lo que ella tiene que decirte.* No muy dispuesta, lo confieso, le pedí a mi hija que viniera a mi habitación y nos sentamos a conversar. Le pedí que me dijera lo que ella sentía con respecto a lo que había sucedido y me dispuse a escuchar. El resultado de esa conversación fue excelente, pero no hubiera ocurrido nunca si, en primer lugar, no hubiera escuchado esa voz suave y callada del Espíritu. Y, en segundo lugar, si no me hubiera dispuesto a escuchar *de verdad* a mi hija, con toda mi atención.

Muchos conflictos se resolverían si los involucrados decidieran escucharse mutuamente y no solo «ventilar» lo que les molesta o les frustra.

Me gustaría añadir algo más con relación a prestar tus oídos y escuchar: guarda lo que escuches en tu corazón. La persona que viene a desahogarse contigo ha puesto su confianza en ti. ¡No la defraudes! Muchas relaciones se han roto porque lo que se dijo en secreto luego se hizo público. Por otra parte, no prestes tus oídos a escuchar algo que pudiera contaminar tu corazón. Una amiga que ya está con el Señor solía decir: «Yo no soy cesto de basura». Palabras claras y sencillas. Escuchemos lo que edifica.

Además, consideremos el motivo por el que queremos escuchar. Si lo que alguien quiere contarnos es sobre otra persona, y nosotros no tenemos ninguna relación con el asunto, entonces nos estamos haciendo parte de un chisme o, cuando menos, murmuración. De nuevo, Proverbios nos llama a la reflexión:

«El malhechor escucha a los labios perversos, el mentiroso presta atención a la lengua detractora» (17:4).

Amada lectora, está claro el mensaje: no escuchemos lo que sabemos que destruye y no edifica.

Confieso que no siempre he sido buena escuchando. A veces pierdo la paciencia. En otras ocasiones, como decía el artículo que cité, las distracciones del mundo digital me ganan la pelea. Sin embargo, he visto ojos iluminarse cuando escucho con interés. He recibido abrazos que dicen: «Gracias por escucharme». Sé lo que se siente cuando alguien se dispone a escucharnos, aunque eso implique apretar el botón de pausa e ignorar al resto del mundo. Quiero ser una mujer así, quiero tener la sabiduría del que escucha. Y sospecho que, ya que estás leyendo esto, tú también. Aceptemos el desafío. Practiquemos un poco más cada día, pidámosle a Dios oídos y corazones que escuchen. Él no tiene problemas con eso, Él es un Dios que escucha.

🌿

Oración: *Señor, gracias porque tú siempre estás dispuesto a escucharme, y me escuchas. Abre mis oídos y mi entendimiento para ser una mujer sabia que escucha. Perdóname cuando mi conversación contigo se vuelve solo hablar y no escuchar. Y perdóname cuando por el ajetreo de la vida no escucho a los demás. Quiero aprender no solo a oír, sino también a escuchar con atención. Quiero escuchar tu voz, y la voz de aquellos que me rodean y que necesitan mi atención. Ayúdame a ser toda oídos. En el nombre de Jesús, amén.*

🌱

PARA PROFUNDIZAR

1. ¿Alguna vez te has sentido frustrada porque estás hablando con alguien y pareciera no escucharte? ¿Lo has hecho tú?

2. ¿Qué pudieras hacer a partir de hoy para dominar mejor el arte de escuchar? ¿Dejar a un lado el teléfono cuando alguien te habla? ¿Sentarte con tus hijos y conversar mirándolos a los ojos y no mientras haces otras tareas? ¿Dedicar un tiempo a tu esposo cuando llega del trabajo para escuchar sus experiencias del día y realmente mostrarle tu atención? ¿Otras ideas?

3. Lee este pasaje: «El que responde antes de escuchar, cosecha necedad y vergüenza» (Prov. 18:13). ¿Qué nos enseña sobre el arte de escuchar?

4. Busca estos pasajes y anota lo que dicen sobre los consejos y sobre las personas que escuchan o no los consejos: Proverbios 13:1; 13:10, 15:22; 15:31; 20:18; 27:9.

VAMOS A CONSTRUIR

La mujer sabia edifica su casa,
pero la necia con sus manos la derriba.

Proverbios 14:1

Este es uno de esos proverbios que aprendemos de memoria. Si creciste en la iglesia, más todavía, porque en muchas reuniones de mujeres se cita, se usa como lema, etc. Pero si no es tu caso y no lo conoces, ya tienes otro buen versículo para memorizar.

Como ya es costumbre, empecemos por definir cosas. Aunque la palabra hebrea que aquí se usa *(baná)* significa construir en el sentido literal, tiene otra acepción menos tangible: hacer que perdure, hecho permanente. Lindo, ¿verdad? La mujer sabia se esfuerza para que su hogar perdure, que sea permanente. ¿Y cómo logramos esto? De muchas maneras; pero, al igual que con las construcciones físicas, el secreto de un hogar que perdura está en el cimiento.

No sé si sabes algo de construcción. Yo no, pero sí he visto construir algunos edificios y casas. Aquí en la ciudad donde vivo el terreno es muy blando y arenoso, de manera que para construir tienen que cavar profundo y luego echar mucho concreto para tener un cimiento sólido, lo suficientemente fuerte como para soportar el edificio que vendrá encima sin hundirse. Y cuando digo cavar profundo, me refiero a varios metros bajo tierra y allí hacer estructuras con metales resistentes, donde luego rellenarán con las capas de concreto.

Cuando construyeron mi casa no la hicieron bien del todo. Sí, la casa gracias a Dios está firme, pero no pasó igual con el patio. Ya que no rellenaron de manera adecuada, el concreto de la terraza se ha hundido y ahora el desnivel es evidente a la vista menos experta en temas de construcción. Está claro: no pusieron un buen cimiento.

En los hogares, en la familia, sucede lo mismo. Mira lo que dice este salmo: «Si el Señor no construye la casa, el trabajo de los constructores es una pérdida de tiempo» (Sal. 127:1, NTV). Es evidente que Dios no viene a construir nuestras casas en un sentido literal (¡aunque pudiera hacerlo y no me quedan dudas de que tendríamos la mejor casa del vecindario!), pero aquí la idea es la misma que en Proverbios 14:1. De hecho, se utiliza la misma palabra. ¿Cómo se traduce eso en la práctica? Si Dios no es el cimiento de nuestro hogar, de nada vale todo el esfuerzo que pongamos. De nada vale que decoremos la casa, que nos gastemos limpiándola. Ni tampoco que toda la ropa esté limpia y planchada, y cada uno de los armarios perfectamente organizado. Eso nos dará una casa bella y en orden, pero no un hogar firme.

La mujer sabia busca poner a Dios como cimiento porque sabe que así su casa estará sobre una base sólida, y aunque vengan tormentas, porque las tormentas vienen, ella sabe que el hogar resistirá. Ese es el secreto. ¿Qué hacemos entonces para lograr esta meta?

COMIENZA POR UNA RELACIÓN CON DIOS

Necesitamos tener una relación con Dios, conocerlo como Señor y Salvador de nuestra vida, porque no podemos poner un fundamento que no conocemos y no tenemos. En realidad, es algo sumamente sencillo, no tienes que hacer nada, en el sentido de obtenerlo, porque Él ya lo hizo todo mediante Cristo. Aunque aquí ahora no podemos adentrarnos en el tema, sí me gustaría dejar algo claro: la salvación de nuestra alma es un regalo que obtenemos por la gracia de Dios. Es decir, sin merecerlo, porque Él quiere.

La Biblia lo dice de esta manera: «Pero Dios, que es rico en misericordia, por causa del gran amor con que nos amó, aun cuando estábamos muertos en nuestros delitos, nos dio vida juntamente con Cristo (por gracia habéis sido salvados) [...] por medio de la fe, y esto no de vosotros, sino que es don de Dios; no por obras, para que nadie se gloríe» (Ef. 2:4, 5, 8, 9).

Si nunca habías escuchado eso o si no sabes por dónde empezar, el primer paso es reconocer tu necesidad de un Salvador y tu condición de pecadora. Podrías orar algo similar a esto:

Amado Dios, hasta hoy he vivido mi vida sin ti, pero reconozco que te necesito. Soy pecadora y te pido que me perdones. Te agradezco el sacrificio de Jesús en la cruz y lo reconozco como mi Salvador y Señor. Te rindo mi vida. Ayúdame de ahora en adelante a vivirla como tú la diseñaste. En el precioso nombre de Jesús, amén.

Lo que vas a leer en este capítulo te dará un punto de partida y, en el caso de que ya tuvieras esa relación con Dios, entonces pídele que te muestre si realmente Él es el centro de tu hogar o no. Muchas veces decimos que sí lo es, pero vivimos de manera que indica lo contrario. Si nuestras decisiones, nuestras costumbres, incluso nuestro dinero, no dan el primer lugar a Dios, entonces no estamos poniéndolo como fundamento en el hogar.

 ## CULTIVA TU RELACIÓN CON DIOS

Esto es lo primero para poner un buen fundamento. Una mujer sabia prioriza esta relación porque entiende que sobre la base de esta se edificarán todas las demás. Recuerda lo que mencionamos en un capítulo anterior. ¿Cómo se cultiva una relación con Dios? Mediante la oración y el estudio de la Palabra. Al final de este libro, en los recursos extra, encontrarás diferentes guías que puedes usar para orar en diferentes circunstancias, al igual que por tu matrimonio y tus hijos.

Toda buena relación necesita tiempo y nuestra relación con Dios no es la excepción. Sé que como mujeres tenemos vidas complicadas, con montones de responsabilidades, pero «la mujer sabia edifica su casa», y si edificar implica poner a Dios como centro y base, entonces es imperativo que dediquemos tiempo a esa relación. De hecho, mientras más conozcamos a Dios y a Su Palabra, mejores herramientas tendremos para ir solidificando nuestro hogar.

 ## PRIORIZA TU HOGAR

Lo segundo que podemos hacer para alcanzar la meta de ser edificadoras de nuestro hogar es darle prioridad. Aunque en muchos casos la economía familiar ha llevado a una gran cantidad de mujeres a trabajar fuera de casa, no podemos olvidar que Dios nos llama a edificar, a cuidar de nuestro hogar y atenderlo bien. Para tener un hogar que perdure necesitamos invertirnos en él y trabajar de manera esforzada.

No estoy en contra de las mujeres como parte de la fuerza laboral. De hecho, yo lo hago, aunque tengo la ventaja de hacerlo desde mi propia casa. No debemos juzgarnos las unas a las otras porque cada situación es diferente. El asunto es determinar cuál va a ser nuestra prioridad. A veces tenemos que sentarnos a analizar y ser honestas. ¿Qué perseguimos con nuestro trabajo, ayudar a la economía familiar u obtener realización personal a través de nuestros logros profesionales? Si la respuesta es lo segundo, entonces el fundamento está mal puesto y nuestro hogar corre peligro.

Mi realización personal tiene que estar primero en Cristo, en mi relación con Dios a través de Él. Tengo que entender quién soy en Él, independientemente de mis resultados y mis logros, a cualquier nivel y en todo rol. En segundo lugar, entiendo que la posición que el Señor me ha dado como esposa y madre está por encima de cualquier carrera profesional porque la familia es algo con consecuencias eternas. Es necesario que comprendamos algo: ser una mujer sabia, a la manera de Dios, es dar al cuidado y a la atención de nuestro hogar la prioridad.

Mi querida lectora, cuando invertimos el orden establecido por Dios, cedemos espacio al enemigo y nos disponemos al fracaso. Es algo así como quitar ladrillos a una pared, tarde o temprano se caerá. Lo cual me lleva a tocar un poco la segunda parte del versículo que estamos estudiando: «la [mujer] necia con sus manos lo derriba».

PROTEGE TU HOGAR

Lamentablemente muchas veces la destrucción de un hogar viene por nuestras propias manos. ¿Cómo?, de muchas maneras, algunas más sutiles que otras. Me gustaría que viéramos dos ejemplos comunes: las quejas y los pleitos.

«Es mejor vivir solo en el desierto que con una esposa que se queja y busca pleitos» (Prov. 21:19, NTV).

Cuando tenemos un espíritu quejoso y buscapleitos, damos pie a que nuestro hogar se tambalee. Es muy difícil vivir en compañía de alguien que constantemente pelea o se queja. Por eso este proverbio dice que es mejor vivir solo que con alguien así. Debo confesar que he sido culpable de esto en más de una ocasión. Y reconozco también que no es un cuadro lindo ni digno de ser observado.

Para empezar, Dios detesta la queja. Si te quedan dudas, haz una búsqueda de todas las veces que aparece la palabra queja en la Biblia y verás en cuántas ocasiones Dios se molestó con el pueblo de Israel por este asunto. Tú y yo muchas veces somos como ellos. La raíz de la queja en gran medida es la ingratitud, la falta de agradecimiento. Me parece buena idea que ahondemos un poco en este tema.

¿Qué es la gratitud? Es algo más que «hacer limonada cuando la vida nos da limones», es reconocer la soberanía de Dios y confiar en Su provisión, recordar Su fidelidad.

A veces la gratitud es fácil, otras no tanto, especialmente cuando estamos viviendo uno de *esos años*. Me refiero a los que vienen cargados de problemas y sorpresas no gratas. Fue en uno de esos años que mi hija me preguntó: «¿Cómo podemos dar gracias en todo, mami, cuando hay cosas tan malas y difíciles en el mundo?». Los niños siempre nos ponen a pensar. Y fue justo en ese instante que el Espíritu Santo, el que nos guía a toda verdad, hizo la conexión en mi mente para que yo lo entendiera y pudiera explicárselo a ella: Solo podemos dar gracias en todo cuando enlazamos 1 Tesalonicenses 5:18 con Romanos 8:28. Veamos lo que dice el primer texto: «Dad gracias en todo, porque esta es la voluntad de Dios para vosotros en Cristo Jesús» (1 Tes. 5:18).

Dar gracias no es opcional ni electivo si pertenecemos a Cristo, es la voluntad de Dios para nosotros, y lo es para toda circunstancia. Pero, ¿cómo hacerlo cuando duele, o es difícil… o sencillamente no podemos en nuestra debilidad humana?

Es ahí donde el pasaje de Romanos nos ayuda: «Y sabemos que para los que aman a Dios, todas las cosas cooperan para bien, esto es, para los que son llamados conforme a su propósito» (Rom. 8:28).

Esa es la respuesta para cuando la gratitud se nos vuelve difícil; si realmente entendemos que TODO lo que nos sucede Dios lo usa para nuestro bien. Fíjate que el pasaje no dice que todo lo que sucede es bueno, sino que Dios usa todo para nuestro bien. Hay una gran diferencia entre ambos planteamientos.

Cuando vivimos convencidas de que venga lo que venga, el Señor tiene nuestro bien en mente, porque nos ama sin límites, y eso lo leemos a lo largo de toda la Biblia, entonces podemos decir «gracias». ¿Y sabes? Creo que mientras no aprendamos a dar gracias en todo, no podremos experimentar la plenitud de la vida abundante de la que habló Jesús. La gratitud no cambia las circunstancias, cambia el corazón. Y, por cierto, la verdadera gratitud no necesita esperar por las cosas grandes, sino que ve la mano de Dios en las más pequeñas.

Dios nos dice en Su Palabra que el que le ofrece gratitud, le honra (Sal. 50:23, NVI). De modo que lo contrario también se cumple, cuando somos ingratas, deshonramos a Dios. Así que, ahora que ya sabemos, ¡dejemos a un lado la queja, un reflejo de la ingratitud!

A propósito de la queja, permíteme incluir algo más. Si no trabajas fuera de casa, ten cuidado de no convertir la hora en que tu esposo llega del trabajo en un recital quejoso: sobre los hijos, el trabajo de la casa, el cansancio, y demás. Y si trabajas fuera de casa, lo mismo. Después de estar separados por más de ocho horas, ese encuentro en la tarde debe ser algo que tu esposo anhele y no algo a lo que tema o le huya. ¿Quiere decir que si hay problemas no los van a tratar? ¡Claro que no! Pero es muy diferente conversar un problema a presentar un repertorio de quejas.

Nuestra actitud influye en gran manera en el resto de nuestra familia. Ya que por lo general pasamos más tiempo con nuestros hijos, ellos observarán nuestra conducta muy de cerca. Si ven en nosotras una persona que vive agradecida a Dios por sus bendiciones, ellos aprenderán ese estilo de vida. Si por el contrario ven en nosotras insatisfacción y quejas constantes, ¿adivina en qué se convertirán cuando sean adultos? ¡Exacto! Nuestro ejemplo será mucho mejor que mil sermones.

¿Quieres una idea para cultivar un espíritu de gratitud y desterrar el mal de la queja? Crea un diario de gratitud, una libreta donde anotes cada día razones para estar agradecida. Al principio pudiera parecer difícil, pero como todo, la práctica hará que se convierta en hábito.

Hace años lo hicimos con nuestros hijos, y cada noche, antes de dormir, ellos anotaban en sus libretas tres razones por las que daban gracias a Dios y luego las compartían con nosotros en el tiempo devocional familiar. Pero no creas que con eso bastó, ¡todavía queda mucho por recorrer! Sin embargo, es un paso hacia la meta. Un corazón agradecido es parte de lo que Dios hace para transformarnos a la imagen de Cristo, de modo que no ocurre de la noche a la mañana. Así que, paciencia si no vemos resultados inmediatos, pero no nos rindamos, cultivemos la gratitud. Al hacerlo, estaremos honrando a Dios.

Lo segundo que mencionamos para proteger nuestro hogar tiene que ver con los pleitos. En una ocasión el Espíritu Santo me reprendió fuertemente con este pasaje mientras leía la Biblia: «Sea quitada de vosotros toda amargura, enojo, ira, gritos, maledicencia, así como toda malicia» (Ef. 4:31).

Las mujeres latinas somos por naturaleza un poco gritonas, seamos honestas. Creo que la sangre cálida, la herencia ibérica y mediterránea, contribuyen un poco. Así que, muchas veces cuando algo nos desagrada, comenzamos a alzar la voz y antes de darnos cuenta, ya tenemos un gran pleito con mucha gritería. Sin embargo, ahora que conocemos a Cristo hemos sido llamadas a dejar este estilo de vida. ¿Difícil? Sí, pudiera serlo, quizá para unas más que para otras. No obstante, es un mandato, de modo que no hay opción de escape, pero además es algo que nos beneficiará mucho si queremos edificar nuestro hogar y no destruirlo.

El Señor Jesús nos enseñó en el Sermón del Monte que los que buscan la paz son bendecidos (ver Mat. 5:9). Busquemos la paz en nuestro hogar. Muchas veces las mujeres hacemos un pleito de cualquier tontería. La mujer sabia busca la paz y escoge cómo enfrentar las diferencias sin que se conviertan en una pelea. En un hogar donde prevalecen las luchas y los pleitos, el enemigo gana ventaja. Seamos activas en este empeño.

¿Qué puedo hacer para fomentar la paz de mi hogar? Empecemos por orar. Orar por nuestro propio corazón, que el Señor nos revele el pecado que puede haber allí y que nos lleva a tener actitudes de contienda. Oremos por nuestra familia cada día, por cada uno de sus miembros. Seamos pródigas en dar palabras de aliento y cariño, en mostrar sonrisas y prestar atención. Si lo analizamos, cada una de estas cosas es un acto pequeño en sí, pero el resultado que produce es grande.

Algo crucial es que analicemos si realmente lo que busco con «mi pleito» es una solución o simplemente tener la razón. Si lo segundo es el caso, entonces la motivación realmente es equivocada y pecaminosa porque lo que nos motiva es el orgullo. Lo peor es que, aunque supuestamente ganemos, muy pocas veces nos sentiremos contentas porque lo que el orgullo consigue es herir y destruir, nunca edificar.

 ## ADORNA TU CASA

Hasta ahora hemos hablado del fundamento y de qué hacer para no destruir nuestro hogar. Solo nos falta un detalle: embellecer la casa. Creo que a todas las mujeres nos gustan las casas lindas, bien diseñadas y decoradas, ¿verdad?

Nuestra familia disfruta mucho ver programas de televisión donde remodelan las casas. Hay uno en particular que nos encanta. En este programa las personas tienen un sueño, una casa que para ellos es perfecta. Sin embargo, el presupuesto con que cuentan no es suficiente para comprar una casa así. ¿Cuál es la solución? Comprar una mucho más antigua y fea, remodelarla, y así convertirla en la casa de sus sueños. Después de ver varias propiedades, examinar costos y hacer diseños, la pareja de compradores escoge una propiedad y comienzan a trabajar en ella junto con el diseñador y el jefe de obra. En el proceso aparecen sorpresas, arreglos con los que no contaban. Eso conlleva a desafíos en el presupuesto que implican renunciar a ciertas cosas por ganar otras.

Al final del programa nos muestran la casa terminada. ¡Preciosa! Cada detalle soñado es una realidad. Cada habitación es perfecta, con accesorios que complementan el diseño y que nos hacen querer saltar del sofá y meternos por la pantalla. ¿Fue fácil? Para nada. Tuvieron que hacer sacrificios, trabajar duro, invertir para ganar.

Mi amiga lectora, mira lo que nos dice Proverbios con respecto a tener una casa de sueños, una casa hermosa y segura:

«Con sabiduría se edifica una casa, y con prudencia se afianza; con conocimiento se llenan las cámaras de todo bien preciado y deseable» (Prov. 24:3-4).

¿Queremos edificar la casa, decorarla bien, hacerla un lugar de sueños? Hagámoslo de manera correcta y no como los albañiles que hicieron mi terraza, pongamos un buen fundamento: cultivar nuestra relación con Dios y dar prioridad a nuestro hogar. Seamos cuidadosas de no destruirla con actitudes que deshonran a Dios y a los que son parte de nuestro hogar. Y, a la hora de decorarla, escojamos la sabiduría de la prudencia. ¿Qué quiere decir eso? Buenas decisiones. Un buen hogar es un hogar donde las decisiones se meditan y no se toman a la ligera, se pasan por el tamiz de la Palabra, se toman en conjunto. Se decide tomando en consideración lo que beneficie a todos en la familia y no a una sola persona y con egoísmo. [Si te interesa conocer más sobre el tema de decisiones personales, te invito a considerar «Decisiones que transforman», un estudio de 6 semanas, disponible a través de LifeWay Mujeres].

La mejor decoración es la que se escoge de modo que exprese no tanto la personalidad del diseñador como la de aquellos que viven en el espacio en cuestión. En un hogar la mejor decoración en sentido espiritual es la que denota el buen juicio de los que lo habitan. Y no voy a ahondar mucho en este punto porque en capítulos posteriores trataremos otros temas relacionados con las buenas decisiones en asuntos hogareños, pero cuando pensemos en adornar nuestro hogar, recordemos el buen juicio. Cualquiera puede construir una casa, pero solo la mujer sabia edifica un hogar.

Oración: *Amado Dios, perdóname porque reconozco que muchas veces me olvido de cuán importante es el papel que me has dado y mi responsabilidad en edificar el hogar. Te pido que me des sabiduría al tomar decisiones para que siempre lo haga según las prioridades que tú has establecido. Aunque me gusta tener una casa linda y organizada, recuérdame que lo más importante es tener un hogar cimentado en ti. Una vez más te dedico mi familia y confirmo mi pacto contigo: En cuanto a mí y a mi familia, nosotros serviremos al SEÑOR. En el nombre de Jesús, amén.*

PARA PROFUNDIZAR

1. Lee Lucas 6:46-49. ¿Qué nos enseña Jesús en este pasaje? ¿Cuál es el cimiento que Él recomienda aquí?

2. Lee Números 11. ¿Qué aprendemos de este pasaje en relación con el tema que acabamos de tratar?

3. En tu tiempo a solas con Dios pídele que te revele si realmente estás edificando tu hogar o destruyéndolo al no cuidar tu relación con Él o no darle la prioridad que tiene. Anota en un diario tus respuestas; lo que entiendas que Dios te dice. Confiesa todo pecado que el Espíritu Santo te revele, pide perdón al Señor y busca Su dirección para cambiar lo que sea necesario.

Sigamos adelante, edificando nuestro hogar como mujeres sabias.

BENDICE A TU ESPOSO

En ella confía el corazón de su marido, y no carecerá de ganancias.
Ella le trae bien y no mal todos los días de su vida.

Proverbios 31:11-12

Algunas personas olvidan que no están solas cuando hablan por teléfono en un lugar público. «Pues si no sirve, ¡bótalo! Cuando los maridos no sirven, ¡se botan!». Esta frase fue parte de una conversación que no pude evitar escuchar mientras recorría el pasillo del supermercado. Era por teléfono y creo que todos los que estábamos cerca participamos de ella, sin querer. Pero me dejó pensando.

La realidad es que eso es lo que el mundo de hoy nos enseña a toda hora en revistas, películas, televisión y hasta las noticias. Aunque en esta conversación aparentemente «el malo» era el esposo, ahora quiero hablar de nosotras, de las esposas que queremos de manera sabia construir un hogar duradero y que honre a Cristo.

En el orden que Dios ha establecido, la relación humana a la cual tú y yo debemos dar prioridad es la que tenemos con nuestros esposos. No le demos más vueltas al asunto, así quedó determinado desde el principio: «… el hombre dejará a su padre y a su madre y se unirá a su mujer, y serán una sola carne» (Gén. 2:24). Es una nueva familia que empieza con dos, un hombre y una mujer, y esos dos son lo más importante. Todavía sigo creyendo que el matrimonio es el núcleo base de la sociedad, porque así lo estableció Dios. Y también de la iglesia, por supuesto. Del matrimonio se derivan las familias que conforman ambas entidades.

Entonces, si para Dios esta relación tiene un lugar tan importante, ¡por supuesto que debemos cuidarla! Tú y yo, como mujeres, tenemos un rol que cumplir como esposas, y considero que la manera en la que lo desempeñamos cambiaría mucho si nos propusiéramos ser una bendición para ese hombre al que hemos unido nuestra vida para siempre.

¿Qué tal si empezamos por el pasaje que aparece al principio de este capítulo, conocido, pero no siempre obedecido? «En ella confía el corazón de su marido, y no carecerá de ganancias» (Prov. 31:11).

 ## FOMENTA LA CONFIANZA DE TU ESPOSO

Hace un tiempo, cuando tuve en el blog la serie «Un matrimonio mejor en cuatro semanas», compartí una enseñanza en video relacionada con este tema. Comenzaba con esta pregunta: ¿Te has ganado la confianza de tu esposo?

Ahora te la hago de nuevo, ¿te has ganado la confianza de tu esposo? ¿Confía él en ti plenamente? Si buscamos la palabra original para «confiar» en ese versículo, nos encontramos con una palabra hebrea que al transliterarla es *batakj*. Su significado incluye esta acepción: sentirse seguro, estar despreocupado. Eso sí que cambia nuestra perspectiva, ¿no es cierto? Muchas veces solo pensamos en sentirnos seguras nosotras porque, como mujeres, eso tiene gran valor. Nos gusta la seguridad. Nos hace sentir bien. Y sí, nuestros esposos contribuyen a esa seguridad. Sin embargo, este pasaje nos enseña que esta mujer se ha ganado la confianza de su esposo en tal medida que *él* no se preocupa, se siente seguro. ¿Qué querrá decir entonces? Permíteme ilustrarlo con un ejemplo.

Una vez hubo cierta situación en la empresa donde mi esposo trabajaba. Dada la economía de hoy, cuando en una compañía se escucha la palabra reorganización, a todo el mundo se le ponen los pelos de punta porque, por lo general, eso viene seguido de cambios, reducción de personal, etc. Cuando él me lo contó, mi primera reacción física fue un salto en el estómago. Entonces recordé varias cosas. Primero, que hacía apenas unos días había escrito y enseñado, una vez más, sobre la confianza en Dios. Segundo, que hasta el día de hoy Dios ha sido fiel a nuestras vidas y nunca nos ha desamparado. Tercero, las tantas ocasiones en que, ante la posibilidad siquiera remota de una mala noticia, he sentido temor... para luego tener que pedirle perdón al Señor por dudar de Su cuidado. Así que, en esta oportunidad me dije: «No, decido confiar. Dios tiene todo bajo Su control, porque es soberano, y eso incluye también nuestra economía familiar. Me niego a dejar que el temor me paralice». De modo que le dije a mi esposo: «Amor, no te preocupes que yo voy a estar tranquila».

Esa noche, mientras cenábamos junto a nuestros hijos, yo hice una pregunta que ya es bastante común en ese momento del día: «¿Qué fue lo mejor que les pasó hoy?». Cada uno fue diciendo y cuando le tocó a mi esposo yo me quedé realmente sorprendida. Estas fueron sus palabras: «Lo mejor que me pasó hoy fue cuando me dijiste que no me preocupara, que ibas a estar tranquila». Realmente cuando se lo dije, aunque fue de corazón, no pensé que mis palabras tendrían el impacto que tuvieron.

Verás, mi esposo me conoce mejor que nadie. Él sabe cuán rápido vuela mi mente y todo lo que me pongo a analizar y tratar de solucionar cuando algo amenaza con desestabilizar el barco de mi vida. Una y otra vez me ha visto luchar con esto. Sabe cuántas lecciones Dios ha tenido que darme, ¡hasta ver si paso la prueba! De manera que esa reacción era completamente nueva en mí. Reconozco que fue obra del Espíritu Santo, el fruto de la paz.

Pero la razón por la que te cuento esta anécdota es para que veas cuán importante es para nuestros esposos poder confiar en nosotras. Saber que una situación totalmente fuera de su control pudiera venir, y encima tener que preocuparse por nuestra reacción, ¡es demasiado pedirles, y además ellos no son Dios! Sin embargo, los bendecimos cuando saben que estaremos tranquilas. Y por supuesto, tranqui-las porque confiamos en Dios y entendemos que nuestra verdadera seguridad y provisión está solo en Él. No podemos asignar a nuestros esposos la tarea de producir en nosotros la paz ni la seguridad. Eso es tarea de Dios.

La confianza en el matrimonio, no obstante, abarca muchas otras esferas. ¿Puede confiar en ti tu esposo cuando se trata de las finanzas? ¿Puede estar tranquilo si te vas de compras, sabiendo que no gastarás más de lo acordado y así no traer deudas innecesarias a la familia?

No soy experta en finanzas, pero los números muchas veces nos ayudan a aclarar las cosas. La familia promedio en Estados Unidos debe 15.611 dólares, solo en tarjetas de crédito,[1] y esa es la tercera razón de la deuda familiar. Esto, unido a otros factores, ha hecho que la economía norteamericana tenga un índice de deuda nacional que sobrepasa todos los niveles históricos, y sigue aumentando. ¿La razón? Podemos citar varias, pero una de las principales es querer llevar un estilo de vida que los ingresos no permiten.

El tema de la deuda es casi tan viejo como la propia humanidad. Lo triste es que no queremos aceptar que la deuda nos convierte en esclavos. En Proverbios 22:7 leemos: «… el deudor es esclavo del acreedor». ¿Por qué queremos convertir a nuestra familia en esclava de los acreedores, especialmente cuando no hay necesidad?

Se dice que el dinero y las peleas por su causa son la razón número uno de los divorcios en Estados Unidos, me imagino que sucede lo mismo en muchos otros lugares. Una esposa sabia no es irresponsable ni derrochadora cuando se trata de las finanzas familiares. Cuando se pierde la confianza en este aspecto, ya estamos abriendo una brecha en la relación y haciéndola vulnerable.

Me entristece escuchar que los matrimonios tienen cuentas separadas. Aquello de «yo pago la electricidad y tú el agua» no se conforma al diseño de Dios. Ser una sola carne implica ser uno en todo, incluyendo las finanzas. Sin embargo, algunos matrimonios acuden a esta solución porque una de las partes no es responsable financieramente y gasta de manera desmedida, sin tener en cuenta las necesidades de la familia.

Mujer que quieres ser sabia, si ese es tu caso, pídele ayuda a Dios. Recordemos que somos administradoras de los bienes que Él pone en nuestras manos. No contribuyas a las estadísticas. Aprende el dominio propio en esta esfera para que tu esposo pueda descansar confiado en que cuando salgas de compras no pondrás en peligro el presupuesto del mes.

La confianza, no obstante, implica algo más y creo que no debemos pasarlo por alto. Me refiero a la confianza emocional. Tu esposo es tu mejor amigo y si no lo es, algo no anda bien en la relación. Ninguna otra persona debe ocupar ese lugar, ¡mucho menos otro hombre!

Recuerdo muy bien al comienzo de mi matrimonio cuando yo batallaba con este asunto. Ya que no tengo hermanos biológicos, los amigos siempre han ocupado un lugar importante en mi lista de prioridades relacionales. De modo que, cuando nos casamos, yo tenía una cierta idea predeterminada más o menos así: tú eres mi esposo, pero no puedes ocupar el lugar de mis amigos. El asunto es que en esa declaración hay tanto verdad como mentira. Permíteme explicarme.

Cuando era niña mi abuela me decía que el corazón es como un chicle, se estira y se estira y siempre hay espacio para querer a otra persona más. Es verdad. Los amigos son una gran bendición en nuestra vida (ver capítulo 11). Su lugar es único porque son amigos. Así como el de los hijos lo es, o el de nuestros padres. Eso es indiscutible. Sin embargo, cuando llegamos al matrimonio, esa es la relación más íntima, la más estrecha que tendremos jamás con una persona. ¡Por supuesto que la amistad tiene que caracterizarla! Aunque no vamos a dejar a un lado a los amigos, ahora necesitamos cultivar la amistad con nuestro cónyuge. Déjame decirte por qué. Cuando los años pasen, cuando la pasión física se vaya apagando por ley natural, cuando los hijos ya no estén en el hogar, cuando los padres se hayan marchado, esta amistad con nuestro cónyuge será uno de los más grandes tesoros para contribuir a la llenura de nuestro tanque emocional. Por eso es tan importante cultivarla.

¿Cómo se hace? Piensa en las cosas que disfrutaban hacer juntos cuando se conocieron, y síganlas haciendo. Busquen tiempo para conversar, más allá de los problemas laborales o de los hijos. Rían juntos.

Compartan las tareas hogareñas, eso no solo las hace menos pesadas, sino que se disfrutan más. A mi esposo y a mí nos gusta «atacar» juntos proyectos en la casa. Esto nos da la oportunidad de compartir el tiempo, de buscar juntos soluciones, de reír ¡y hasta de darnos uno que otro beso en medio de la faena y así recargar las baterías! Cultivar esa amistad será un ancla emocional en tu relación y en la vida de tu esposo.

Y permíteme añadir algo, como especie de nota, si tuviste un disgusto con él, no busques consuelo en el compañero de trabajo que ese día te elogió el peinado o el vestido. ¡Cuidado! Esta es una vieja artimaña de Satanás. Lo que pudo comenzar como una amistad aparentemente inocente pudiera convertirse en la zorra pequeña que se cuela y destruye todo el huerto. No te pongas en situaciones que puedan comprometer tu relación matrimonial. Si crees que puedes ser vulnerable, huye. El antiguo refrán es cierto: «Es mejor decir aquí corrió, que aquí murió».

 ENRIQUECE SU VIDA

Este es el mensaje de la segunda parte del versículo 11 que citamos al principio. Lo dice así: «En ella confía el corazón de su marido, "y no carecerá de ganancias"» (énfasis de la autora). ¡Esta mujer es un tesoro para su esposo! No sé tú, pero ¡yo quiero serlo para el mío! Este hombre no tenía que buscar nada fuera de su hogar porque en el suyo encontraba todo lo que necesitaba.

Fue luego de una conversación con una amiga que me quedé pensando en esta frase: «Las mujeres influimos sobre nuestros esposos». Y concluí que es verdad, siempre influimos en ellos. El asunto está en qué tipo de influencia vamos a ser.

Regresemos adonde todo comenzó, a un jardín perfecto donde Dios decidió que esa segunda criatura humana que estaba creando sería «ayuda idónea» o como dice otra versión «ayuda ideal». La frase en hebreo es 'ezer kenegdó e indica la idea de una «ayuda que corresponde con lo que tiene en frente». Es decir, una relación que enriquece, que se complementa. Ya sabemos que, con su decisión, Eva no fue una ayuda idónea, sino una influencia negativa. Y los resultados los vivimos hoy.

Una parte muy importante de ser esa compañera ideal es justo nuestra influencia. ¡Cuidado! No estoy hablando de manipulación. Estoy hablando de influencia. El que manipula por lo general usa medios sagaces, trastocando la verdad, y con el fin de obtener un beneficio propio. El que influye tiene el poder de producir un efecto sobre la otra persona.

La mujer sabia busca ser una ayuda idónea, una buena influencia. El pobre Job no tuvo esa bendición. ¿Recuerdas las duras palabras de su esposa? «Entonces su mujer le dijo: ¿Aún conservas tu integridad? Maldice a Dios y muérete» (Job 2:9). No fue una ayuda idónea, ¡al contario! Y muchas veces, sin darnos cuenta, podemos hacer lo mismo. En lugar de influir, manipulamos. O influimos de manera negativa. ¡Que Dios nos ayude!

¿Quieres enriquecer la vida de tu esposo y así ser una bendición para él, como su ayuda idónea? Empieza por orar por él todos los días. Una esposa que ora es una esposa con batallas ganadas. [Al final del libro encontrarás una guía para orar por tu matrimonio].

Una manera especial de enriquecer a tu esposo es amándolo en su lenguaje. Este es un tema para un estudio completo, pero no puedo pasarlo por alto. Dios hizo muy diferentes a los hombres y a las mujeres, ¡pero en eso también está la belleza del matrimonio! Busca conocer cómo tu esposo se siente amado y demuéstraselo. La mayoría de los hombres comparten un idioma del amor (aunque tengan un segundo) y es el toque físico. No lo debatas conmigo, ¡Dios los hizo así! Seamos bendición para ellos en este aspecto también. Recordemos que ya no somos dueñas de nosotras:

«Que el marido cumpla su deber para con su mujer, e igualmente la mujer lo cumpla con el marido. La mujer no tiene autoridad sobre su propio cuerpo, sino el marido. Y asimismo el marido no tiene autoridad sobre su propio cuerpo, sino la mujer» (1 Cor. 7:3-4).

Creo que más claro, ¡ni el agua! Dale prioridad a tu tiempo a solas con él, eso es tiempo invertido no gastado. ¿Qué tal si leen juntos el Libro de Cantares? Si no lo sabías, ¡la Biblia también contiene romance!

Quizá tu esposo es de los que entienden el amor a través del servicio que otros le muestran. Entonces, una manera de demostrarlo pudiera ser cocinar su plato favorito. Y si realmente no tienes el don de buena cocinera, ¡averigua dónde puedes comprarle ese plato! Tal vez él necesita palabras de tu parte que le den apoyo y afirmación. ¡Sé generosa en esto! Tú y yo tenemos que convertirnos en las admiradoras número uno de nuestros esposos. Mira, nada daña más a un hombre que sentirse constantemente criticado.

Recuerdo una ocasión en que mi esposo me dijo: «¡Ya no sé qué hacer para quedar bien contigo!». Y reconozco que me merecía esas palabras. Él me ayudaba en todo lo posible, incluso luego de varias horas de trabajo. Se esforzaba por aliviar mis cargas de todo tipo, pero yo seguía exigiendo y criticando en lugar de agradecer y reconocer. Tuve que pedirle perdón a Dios, ¡y también a mi esposo! Muchas veces queremos que ellos hagan las cosas a nuestra manera, que sean prácticamente Jesús en la tierra, y ya que eso es imposible, arremetemos con críticas. Solamente estaremos sembrando destrucción y, si algo enriquecemos, es la cuenta del enemigo de nuestras almas y de nuestras familias, el diablo. Seamos cuidadosas. Quizá tu esposo no te lo diga, pero saber que cuenta con tu apoyo y admiración enriquece su vida en gran manera porque sabe que en su rincón del mundo hay alguien muy especial, tú, para quien él vale mucho.

No puedo terminar esta parte sin hablar de un tema que quizá no es muy popular, pero es bíblico y seremos sabias si lo entendemos y lo aplicamos. ¿De qué hablo? De la sumisión. Cuando este principio se aplica al matrimonio, la vida de tu esposo se enriquece. Voy a compartir algo que escribí hace un tiempo en mi blog con respecto al tema.

Al crecer en un país donde la «liberación de la mujer» era un lema constante, no es de extrañar que la palabra sumisión me pusiera los pelos de punta y me diera deseos de tachar ese pedacito de la Biblia. Con honestidad lo digo.

Cuando nos casamos, a pesar de llevar algunos años conociendo a Cristo y la Palabra, yo todavía tenía un problema con la palabra *sumisión*. En mi mente se pintaba el cuadro de una mujer que no podía hablar, ni opinar, ni tener conocimiento alguno, salida de un libro de historia muy antiguo.

Sé que el Espíritu Santo ha tenido que trabajar horas extras para hacerme entender este asunto. Y también darle una dosis triple de paciencia a mi esposo para soportar mis traumas correspondientes con la tan temida y malinterpretada palabra «sumisión».

Aunque nunca se lo dije directamente, en mi corazón ocurría un diálogo más o menos así: «Yo no voy a someterme jamás a ningún hombre. Dios nos creó iguales a los dos y para Él no hay diferencias. La esclavitud se acabó hace muchos años. Yo gano dinero, soy profesional y sí, estamos casados, pero eso no quiere decir que tengas derechos sobre mí». Terrible, ¿no? Si me preguntas si esa actitud me hizo feliz alguna vez, tengo que responderte con sinceridad: no. Imposible porque esas ideas son cualquier cosa menos el diseño de Dios.

¿Qué es la tan famosa sumisión en el matrimonio? Te lo voy a definir con la respuesta que le di a mi esposo luego de pedirle que me dijera honestamente si creía que yo había llegado por fin a entender el concepto. Con mucha sabiduría, él me devolvió la pregunta: «¿Qué es para ti la sumisión en el matrimonio?». Esta fue mi respuesta y la definición que he llegado a entender a la luz de la Palabra de Dios: seguir el liderazgo del esposo; y seguirlo de manera voluntaria, dispuesta a cooperar, a asumir mis responsabilidades y compartir las cargas, entendiendo que su rol es diferente al mío. Él es el líder, no yo. Y, lo principal, entender que lo hago como muestra de obediencia a Cristo. No se trata de mi esposo, ni de su carácter, ni de sus virtudes. La sumisión o sujeción de la esposa es una manera de honrar a Dios.

Ven conmigo a 1 Pedro:3.

«Asimismo vosotras, mujeres, estad sujetas a vuestros maridos...» (v. 1).

Ese primer vocablo, «asimismo», nos remite a los versículos anteriores. En otras palabras, Pedro nos está diciendo: «De la misma manera...». ¿Cuál manera? Eso es lo importante y la razón por la que cito este pasaje. En los últimos versículos del capítulo 2, él habla de la sujeción de Cristo al Padre, de su actitud humilde y mansa. Por tanto, su exhortación para nosotras como esposas es a tener la misma actitud de Cristo en nuestro matrimonio. ¿Y sabes algo más? La frase «estad sujetas» está en una voz en el griego original que indica decisión personal. Tú y yo tenemos que decidir, contando con la gracia de Dios, que vamos a actuar de esta manera porque queremos honrar a Dios en nuestra vida y en nuestro hogar.

Entonces, ¿cómo seguimos el liderazgo de nuestro esposo cuando quizá no estemos de acuerdo en algo, cuando pensemos que hay otra manera mejor o diferente de hacer las cosas, o cuando nuestro temperamento quiera imponerse?

Hay que entender que la sumisión es un mandato bíblico, no algo opcional: «Las mujeres estén sometidas a sus propios maridos como al Señor» (Ef. 5:22). Y si leemos el versículo anterior, encontramos lo siguiente: «Sometiéndoos unos a otros en el temor de Cristo» (v. 21), o, como dice otra versión, por reverencia a Cristo. Seguir el liderazgo del esposo muestra reverencia a Cristo, como ya dijimos; muestra nuestro reconocimiento hacia el orden establecido por Dios para la familia y la iglesia (como vemos en el versículo 23). ¿Fácil? A veces no. Las personalidades chocan, el orgullo estorba, los caprichos quieren salirse con la suya. A veces necesitamos orar para que el Señor nos ayude, nos ablande el corazón, nos dé sabiduría para saber cómo reaccionar y tratar la situación. Pero al final siempre será lo mejor porque honra a Cristo, y de eso se trata.

Tengo una hija y muchas veces pienso en cómo lo que ella ve en mi trato con mi esposo va a influir en su futuro. A veces no le he dado un buen ejemplo; pero, con la ayuda del Señor, anhelo mostrarle cuál es el comportamiento de una esposa que ama a Cristo, que quiere honrarle y que desea que su familia agrade a Dios. El mundo en que nuestros hijos están viviendo dice todo lo contrario, por eso lo que vean en su hogar es sumamente importante. En realidad, esto aplica tanto a ella como a nuestro hijo, en su futuro rol de esposo.

Quizá al leer todo esto te preguntes: *¿Y si mi esposo no es cristiano?* Bueno, el mismo pasaje que recién citamos un poco antes nos responde la pregunta: «Asimismo vosotras, mujeres, estad sujetas a vuestros maridos, de modo que si algunos de ellos son desobedientes a la palabra, puedan ser ganados sin palabra alguna por la conducta de sus mujeres al observar vuestra conducta casta y respetuosa» (1 Ped. 3:1-2). ¡Qué gran peso tiene nuestra conducta en el hogar! Evidentemente, si ese liderazgo de alguna manera implicara hacer algo que vaya en contra de lo que Dios dice en Su Palabra, entonces es obvio a quién tienes que obedecer primero. Para dejarlo más claro voy a poner un ejemplo sencillo, con la intención de que entiendas mejor la idea. Supongamos que tu esposo decide que quiere robar dinero de alguna manera a su empresa. Tú no puedes hacerte partícipe de ello a nombre de la sujeción porque estarías pecando contra Dios. Nuestra obediencia es a Dios en primer lugar.

Permíteme un paréntesis aquí. Si estás en medio de una relación abusiva, no puedes sostenerla en nombre de la «sumisión al esposo». ¡Necesitas buscar ayuda! No puedo abarcar aquí todo con respecto a este tema, pero es importante también que lo entiendas. La sujeción no debe poner en peligro tu vida o la de tus hijos.

Así que, enriquecer la vida de nuestros esposos en realidad nos hace felices, y enriquece la nuestra, ¿por qué? Porque lo hacemos por amor y el verdadero amor es bondadoso, no egoísta. El amor a la manera de Dios disfruta el bien de la persona amada, lo cual nos lleva al último punto.

 ## BUSCA SU BIEN SIEMPRE

La última parte del versículo que nos ocupa dice: «Ella le trae bien y no mal todos los días de su vida». ¿Realmente buscamos hacer el bien a nuestros esposos? La pregunta pudiera parecer innecesaria, pero no lo es. Es muy fácil no buscar el bien de tu esposo y no darte cuenta. Veamos algunos ejemplos.

Desde el principio de nuestro matrimonio decidí algo que ha sido una regla: no hables mal de tu esposo CON NADIE. Ahora este hombre es parte de tu propio ser. Ya vimos que fue Dios mismo quien determinó que ahora que están casados, son una misma persona. Por lo tanto, así como no buscas hacerte daño, te cuidas, te valoras y te respetas a ti misma, estás obligada por Dios a hacerlo con él. Por supuesto, se sobreentiende que él hará lo mismo contigo, pero no estamos hablando de los esposos, sino de nosotras.

En segundo lugar, si ambos son hijos de Dios mediante la fe en Jesucristo, entonces tienes un compromiso mayor todavía porque tu esposo es también tu hermano en la fe, alguien que ha sido incorporado a la familia de Dios. Y Dios es celoso de Sus hijos. A veces se nos olvidan estas cosas. La familiaridad hace que las pasemos por alto. Tengamos cuidado.

Ya que él es parte de nuestra carne y un miembro de la familia divina, cierra tus labios y solo ábrelos para hablar bien de este hombre. Mira lo que dice en este mismo capítulo de Proverbios: «Su esposo es bien conocido en las puertas de la ciudad donde se sienta junto con los otros líderes del pueblo» (v. 23, NTV). Este hombre llegó a ser distinguido. Con toda certeza te digo que no era perfecto, nadie lo es, pero su esposa de seguro contribuyó a que ocupara este puesto. Ella buscaba su bien. Seamos una bendición para nuestros esposos de esa manera. ¡No los critiquemos frente a otros! Mostremos respeto. Todo lo que hablamos en el capítulo de las palabras aplica grandemente a esta relación.

Si Dios nos ha dado el mandamiento de amar a los demás como nos amamos a nosotras mismas, entonces tenemos el mandato de amar a nuestros esposos, de procurar su bien. Creo que estas palabras de Ruth Bell Graham, la esposa del gran evangelista Billy Graham, lo resumen todo:

«Mi función es amar y respetar a Billy; la función de Dios es hacerlo bueno. Dios no te llamó a hacer bueno a tu esposo, sino a hacerlo feliz». [2]

¡Qué palabras tan ciertas! A veces queremos adjudicarnos la función del Espíritu Santo para cambiar a nuestros esposos. Déjame decirte algo, ¡por mucho que lo intentes, no lo lograrás! Esa tarea no nos corresponde. A ti y a mí nos toca trabajar para que nuestros esposos se sientan amados. Ese es el amor que Jesús nos modeló, un amor que pone a otros primero.

Reconozco que he tenido que aprender mucho en este frente. Las mujeres de nuestra generación tenemos torcidas las ideas en cuanto al rol de las esposas. Estos argumentos que te presento son muy criticados por los movimientos feministas, pero la verdad es que Dios no es machista ni feminista. Dios es Dios y ha establecido un orden en Su creación. Si queremos vivir como Él lo diseñó, tenemos que seguir Su plan. Cuando lo hacemos, experimentamos una plenitud de vida que nada ni nadie más nos puede dar. La mujer que busca ser sabia decide ser una bendición para su esposo, y al hacerlo, ella misma es feliz. Te animo a probarlo.

Oración: Padre, perdóname por todas las veces en que no he sido de bendición para mi esposo, ¡al contrario! Perdóname porque en muchas ocasiones mi actitud hacia él no te honra a ti. Quiero ser una mujer sabia en este aspecto. ¡Ayúdame! Dame palabras que enriquezcan la vida de mi esposo. Ayúdame a actuar de manera que sea digna de su confianza. Que el fruto del dominio propio se manifieste en mi vida. Señor, quiero procurar siempre el bien de este hombre con quien ahora soy una sola carne. Perdóname cuando busco primero mi propio bien, con egoísmo, olvidando que tú me has llamado a buscar siempre primero el bien de los demás. Gracias porque tengo un esposo. Enséñame a amarlo como tú amas porque de esa manera siempre seré una bendición. En el nombre de Jesús, amén.

PARA PROFUNDIZAR

1. Durante toda esta semana busca oportunidades para bendecir a tu esposo. No esperes nada a cambio. Solo hazlo. ¡Verás los resultados!

2. Dale un vistazo a la guía de oración que se encuentra al final del libro y comienza a formar este hábito, si aún no lo tienes. Ora por tu esposo cada día.

3. Lee 1 Corintios 13:1-7 y úsalo como recordatorio para amar a tu esposo a la manera de Dios.

4. Planifica algo especial para tu esposo esta semana. Quizá sea una cena romántica, solos los dos. Tal vez quieras dar un toque diferente a tu habitación con velas aromáticas. Envíale un mensaje de texto y dile cuánto lo extrañas durante el día y que estarás esperándolo en la tarde. Sé creativa y piensa en esto como una oportunidad para disfrutar junto al hombre que amas.

LLAMADA A INSTRUIR

Abre su boca con sabiduría,
y hay enseñanza de bondad en su lengua.
Proverbios 31:26

Sea que nos guste ser maestras o no, la verdad es que las mujeres tenemos este rol de una manera u otra. Si somos madres, pues sin dudas, ¡y hasta podemos alcanzar un doctorado en la universidad de la vida con nuestros hijos! Y si no eres mamá, de todos modos tienes la oportunidad porque probablemente tienes sobrinos, hijos de amigas o una generación más joven que viene detrás de ti a quien puedes servir de modelo e instrucción. De hecho, Dios nos exhorta por medio de Pablo a que instruyamos a otras mujeres más jóvenes:

«Que enseñen a las jóvenes a que amen a sus maridos, a que amen a sus hijos, a ser prudentes, puras, hacendosas en el hogar, amables, sujetas a sus maridos, para que la palabra de Dios no sea blasfemada» (Tito 2:4-5).

 ¿QUÉ ES INSTRUIR?

Instruir va más allá de simplemente impartir conocimiento. Como siempre, es bueno analizar las definiciones:

instruir.

1. tr. Enseñar, doctrinar.

2. tr. Comunicar sistemáticamente ideas, conocimientos o doctrinas.[1]

Lo que más llama mi atención de la definición de instruir que nos da la Academia es la palabra «sistemáticamente». Cuando instruimos tenemos que estar conscientes de que es algo de todos los días, consecuente. No podemos cansarnos. Y ya que es algo sistemático tenemos que buscar oportunidades para hacerlo, e incluso apelar a la creatividad porque instruir no siempre será sentarnos y enseñar con la Biblia en la mano. En muchas ocasiones lo haremos mientras manejamos el auto, cuando estamos en una tienda, en la casa durante la cena, etc. De hecho, casi siempre es en estas situaciones de la vida cotidiana donde mejores oportunidades tendremos para educar a nuestros hijos, o aquellos que sean el objeto de nuestra instrucción, para que aprendan a vivir como Dios diseñó.

El problema con la sistematicidad es el cansancio. En más de una ocasión he pensado esto con respecto a mis hijos: *Ya me cansé, no lo voy a repetir más.* ¿Te identificas? A veces es algo tan sencillo como modales al comer, otras veces son asuntos más profundos.

Fue en una de esas ocasiones en las que yo estaba muy frustrada y dispuesta a tirar la toalla con esto de instruir que sentí la suave voz del Espíritu hablando a mi corazón: «¿Y si yo hiciera lo mismo contigo?». ¡Uf! Eso me hizo parar en seco. ¿Si Dios hiciera lo mismo conmigo? ¿Si se cansara de enseñarme? ¿Si se cansara de instruirme en Su verdad porque yo repito los mismos errores una y otra vez?

Recuerdo también una oportunidad en que casi al borde de las lágrimas, y no precisamente de tristeza, le dije a mi esposo: «Ya no puedo más», y tenía que ver con lo de la crianza. Con su paciencia característica, me dijo: «No te puedes cansar».

Además, instruir es progresivo, acumula resultados de manera exponencial, como lo dice este otro proverbio: «Da instrucción al sabio, y será aún más sabio, enseña al justo, y aumentará su saber»

(Prov. 9:9). Es decir, nunca se acaba y siempre hay oportunidades de enseñar más.

Proverbios 31, el pasaje de la esposa virtuosa, comienza con esta frase que te muestro en dos versiones para mayor claridad:

«Palabras del rey Lemuel, oráculo que le enseñó su madre». (LBLA)

«Los dichos del rey Lemuel contienen el siguiente mensaje, que le enseñó su madre». (NTV)

Quizá nunca lo habías pensado, pero esta lista de virtudes fueron los consejos con los que una madre instruyó a su hijo. Yo no creo que fuera algo que ella hizo en un solo día, ni siquiera que se haya sentado a darle la lista, sino que, mientras su hijo crecía, ella le enseñaba qué características buscar en una esposa virtuosa. Volviendo al principio, debemos enseñar sistemáticamente.

Mira si Dios sabía desde el comienzo que necesitamos repetir y repetir mientras enseñamos que esto fue lo que dijo al pueblo de Israel cuando le estaba instruyendo para la nueva vida en la tierra prometida:

«Y estas palabras que yo te mando hoy, estarán sobre tu corazón; y "diligentemente las enseñarás" a tus hijos, y hablarás de ellas cuando te sientes en tu casa y cuando andes por el camino, cuando te acuestes y cuando te levantes. Y las atarás como una señal a tu mano, y serán por insignias entre tus ojos. Y las escribirás en los postes de tu casa y en tus puertas» (Deut. 6:6-9, énfasis de la autora).

Tenemos un problema de memoria, todos nosotros, no solo nuestros hijos. Olvidamos muy fácil lo que otros nos enseñan, incluyendo lo que nos dice Dios. Es necesario repetir, y repetirnos. En cuanto a nuestro rol de instrucción, mi amiga lectora, es así de sencillo, no nos podemos cansar. Dios nos llamó a la tarea porque sabe que podemos hacerla. No podemos darnos el lujo de rendirnos. Demasiadas cosas están en riesgo. Además, recuerda que en realidad no estamos solas, el Señor nos acompaña y nos otorga Su gracia, cada día.

Permíteme decirte algo, hay una gran diferencia entre instruir y cambiar. La función que el Señor nos dio es la de instruir, enseñar; pero repito, el rol de cambiar a una persona solo lo tiene el Espíritu Santo. Creo que demasiadas veces nos confundimos y creemos que enseñar a nuestros hijos es cambiarlos. Y quien dice hijos dice toda persona, como te comenté en el capítulo anterior con respecto a los esposos. Sí, quizá logremos una reacción diferente. Tal vez consigamos que no coman con los brazos sobre la mesa, pero cuando de cambios en el corazón se trata, ¡solo Dios!

De manera que, si lo que nos frustra al instruir es que no vemos el cambio, sigamos cumpliendo con nuestra función y dejemos el resultado en manos del Señor.

Ahora bien, ¿cómo ve la Biblia el concepto de instrucción?

CUENTA TU HISTORIA

El versículo que sigue es un clásico por excelencia cuando se piensa en la instrucción: «Enseña al niño el camino en que debe andar, y aun cuando sea viejo no se apartará de él» (Prov. 22:6). Es uno de esos pasajes que memorizamos y que atesoramos como madres e instructoras. Y, aunque no puedo adentrarme ahora en el tema, cabe decir que no se trata de una promesa; los proverbios son consejos, gotas de sabiduría. Pero, de cualquier modo, el versículo nos enseña la importancia de instruir, así que me puse a buscar el significado original de la palabra traducida al español como «enseña» y esto fue lo que encontré:

Kjanák: *entrenar, dedicar, iniciar, educar para consagrar o dedicar.*

¡Qué increíble! Instruimos, educamos, para consagrar o dedicar. Si ponemos eso en el contexto de nuestro rol de instructoras, estamos instruyendo a nuestros hijos, nietos, sobrinos, y demás, para consagrarlos a vivir para Dios, a vivir como Dios enseña, para entrenarlos en sus caminos. ¡Qué gran responsabilidad y privilegio!

Ahora bien, la instrucción debe tener como centro y base la Palabra de Dios, eso ya lo hemos establecido; no obstante, las experiencias que hemos vivido nos sirven para compartir con otros lo aprendido, para instruirles. Tu historia puede beneficiar a alguien, desde tus hijos hasta un vecino.

Yo solía pensar que la historia de mi vida en realidad no tenía un mensaje lo suficientemente extraordinario como para que pudiera tener impacto en alguien. Siempre creemos que solo los testimonios «de película» son los verdaderamente impactantes. Sin embargo, un día, a través de otro testimonio, Dios me mostró que todas tenemos una historia que contar de la cual alguien puede aprender, recordando siempre que no se trata de mí, sino de Él. Al final, no es mi historia, es Su historia.

Cuando Jesús liberó al hombre endemoniado de Gadara (puedes leerlo en Lucas 8), se despidió de él con esta frase: «Vuelve a tu casa, y cuenta cuán grandes cosas Dios ha hecho por ti» (v. 9). Jesús había obrado un milagro grande en la vida de aquel hombre y ahora él quería hacer lo que muchas veces nosotras también queremos, «engordar con Jesús», si me perdonas la analogía. Él quería seguir allí, a Sus pies, llenándose, acompañarle como parte del grupo. Pero Jesús le dio una orden clara: regresa, ¡cuenta lo que Dios ha hecho por ti!

No es necesario ser pastor, ni evangelista, ni famoso, para contar lo que Dios ha hecho por nosotros. La gente de aquel lugar conocía el pasado de este hombre y ahora habían sido testigos del cambio; no obstante, él tenía que contarlo. Y permíteme hacer un paréntesis. Con nuestra historia tenemos dos opciones: podemos vivir avergonzadas de ella, esconderla, y seguir esclavas de ese pasado. O, podemos poner nuestra historia en las manos de Dios y pedirle que nos dé oportunidades de contarla a otros para que puedan conocer lo que Él puede hacer con una vida común y corriente. Cuando contamos nuestra historia, estamos aprovechando la oportunidad para darle gloria a Dios y, al mismo tiempo, instruir a otros. Las experiencias que hemos vivido en el pasado pueden traer bendición a la vida de alguien que pudiera identificarse con ellas o mirar más claramente su situación.

En cuanto al hombre gadareno, esto fue lo que hizo con la suya: «Y él se fue, y empezó a proclamar en Decápolis cuán grandes cosas Jesús había hecho por él; y todos se quedaban maravillados» (Mar. 5:20).

La historia que tú y yo hemos vivido no es para que pase inadvertida. Entre otras cosas, Dios tiene la intención de que la compartamos y con ella impactemos, para Su gloria, la vida de aquellos con quienes nos relacionamos. Tu historia puede inspirar a una joven, puede cambiar el futuro de alguien con quien trabajas, puede marcar la diferencia en una vida como ninguna otra cosa.

NO SOLO EL QUÉ, SINO TAMBIÉN EL CÓMO

El versículo que citamos al principio, Proverbios 31:26, nos indica que a la hora de enseñar o instruir no solo importa lo que enseñamos, sino también cómo lo hacemos. Veámoslo de nuevo: «Abre su boca con sabiduría, y hay enseñanza de bondad en su lengua».

Según este proverbio, la mujer sabia instruye con *bondad*. Otras versiones lo tradujeron como *amor*. Pero ninguna de las dos es fácil siempre. Sé perfectamente lo que se siente cuando enseñamos algo a nuestros hijos y luego hacen justo lo contrario. Sé la frustración de no lograr que aprendan de la experiencia que les contamos o que vivieron, y repiten el error. Pero también sé que las palabras duras, las críticas destructivas y las correcciones hechas con ira no consiguen nada bueno. He vivido la experiencia, en ambas partes, y te aseguro que esa instrucción realmente no consigue mucho. Miedo tal vez, pero enseñanza piadosa en los caminos del Señor, no.

¿Cómo lo hace una mujer sabia? Con amor. Si estamos enojadas, esperemos para enseñar porque de hacerlo, lo haremos con ira. Busquemos oportunidades idóneas. La instrucción en medio del enojo o de una discusión, logra muy poco, o nada.

A veces me frustro cuando uno de mis hijos no sale bien en un examen por un descuido, sobre todo porque los conozco y sé lo que pueden dar o no en cuanto a su rendimiento académico. También me sucede cuando dejan algo fuera de lugar que luego nos hace perder tiempo a los demás o simplemente contribuye al desorden. Más de una vez me ha pasado que cuando en medio de esta frustración trato de enseñarles algo, no lo consigo. ¿Por qué? Porque dicha frustración transpira en mis palabras, ellos se sienten mal, su entendimiento se «bloquea», y nos quedamos atascados. Sin embargo, cuando con amor y paciencia me siento con ellos, conversamos, analizamos lo sucedido, ¡todo cambia! Recordemos aquí lo que hablamos antes sobre las palabras.

Mujer, tenemos la responsabilidad de instruir, pero hagámoslo de manera sabia: con sistematicidad, sin cansarnos; y por sobre todas las cosas, con bondad y amor. Es bueno que hagamos memoria otra vez de las palabras del apóstol Pablo: «Sino que hablando la verdad en amor, crezcamos en todos los aspectos en aquel que es la cabeza, es decir, Cristo» (Ef. 4:15).

Oración: *Padre, gracias por tu Palabra que me instruye. Y gracias por las diferentes personas que has usado para traer instrucción a mi vida. Gracias por las que invirtieron su tiempo, sin cansarse, para que yo pudiera aprender de ti. Ayúdame a hacer lo mismo. Dame sabiduría para instruir con bondad y amor, de manera sistemática. Recuérdame que en esta tarea estoy contribuyendo a consagrar una vida más a ti. Y Padre, gracias por lo que has hecho en mi vida. Dame valor para estar siempre dispuesta a contar mi historia y así darte gloria y enseñar a alguien en tu verdad. En el nombre de Jesús, amén.*

PARA PROFUNDIZAR

1. Lee 2 Timoteo 1:5. ¿Qué dicen las palabras de Pablo sobre las mujeres que aquí se mencionan? Ya sea que eres mamá, abuela, tía, pide a Dios en oración que puedas llegar a ser una mujer que deje ese mismo legado en las generaciones que le sigan.

_____

_____

_____

2. En este capítulo aprendimos que instruir quiere decir también: _____. ¿Cómo cambia eso tu perspectiva sobre este rol en tu vida?

_____

_____

_____

3. ¿Alguna vez has contado tu historia a alguien? Piensa en lo que Dios ha hecho contigo y pídele que te dé una oportunidad inmediata de contarlo y así instruir también.

_____

_____

_____

4. Te desafío a que en esta semana estés atenta a las oportunidades no formales de instruir. Quizá mientras juegas con tus hijos o si son mayores cuando te comenten algo o luego de escucharlos conversar con sus amigos. A lo mejor al terminar de ver una película. Sé creativa, o pídele a Dios que te ayude a serlo si crees que no sabes cómo.

_____

_____

_____

CUESTIÓN DE INVERSIÓN

La mujer bondadosa se gana el respeto.
Proverbios 11:16, NVI

Crecí en un hogar donde era común recibir visitas. Muchas veces, cuando se acercaba la hora del almuerzo, mi abuela me decía: «Wendy, asómate al pasillo y dime cuántas personas hay en la sala porque seguro las tendremos para almorzar». Recibíamos muchas visitas porque teníamos un pastor / evangelista en casa, de ahí que tantas veces hubiera más comensales.

Esto sucedía en un país donde las familias vivían con tarjeta de racionamiento, los alimentos escaseaban y las mujeres casi tenían que hacer magia en la cocina. Pero para mis abuelos, compartir lo que tuvieran con otros era un valor intrínseco. De hecho, una de las frases favoritas de mi abuelo era: «No te preocupes que cuando yo doy un plato, el Señor me devuelve un caldero». Créeme que así era. Nunca faltó alimento en su casa. Lo viví y lo aprendí. Ahora trato de que mis hijos aprendan el valor de compartir y ser generosos.

El Libro de Proverbios está lleno de exhortaciones a compartir con otros de lo que Dios nos da, a bendecir a quienes tienen menos. Es decir, a ser bondadosos.

Como ya he dicho en otras ocasiones, los números no figuran en mi lista de cosas favoritas. La matemática para mí se reduce a una necesidad básica, y qué hacer con los logaritmos y las integrales que me dieron en la escuela, ¡todavía no lo sé! En fin, no vamos a hablar de números en el sentido estricto de la palabra; pero al igual que tú, vivo en este planeta donde todos formamos parte de un sistema económico y para manejar nuestras familias tenemos que pensar en la economía, nos guste o no.

¿Sabías que Jesús habló más del dinero que de ninguna otra cosa? Ese tema ocupó más tiempo de Sus sermones y conversaciones que la oración, el servicio a Dios o cualquier otro tema. ¡Y no me asombra! ¿Por qué? Porque sabía cuán importante es para nosotros los seres humanos, cuánto valor le damos, cuánto tiempo le dedicamos, ¡y cómo nos quita el sueño y la alegría de vivir en muchas ocasiones! Sin embargo, la economía del cielo es muy diferente a la nuestra. Los principios de Dios en cuanto al dinero descansan sobre la idea de la bondad. Veamos.

«El que se apiada del pobre presta al Señor, y Él lo recompensará por su buena obra» (Prov. 19:17).

Resulta que cuando damos a los necesitados, para Dios es como si estuviéramos prestándole a Él, que es el dueño de todo. ¡Es verdad que la economía de Dios es completamente diferente a la nuestra! Para los hijos de Dios compartir con los demás no es una opción, tiene que caracterizarnos. Es triste que el mundo en que vivimos se distinga por lo contrario, el egoísmo. Dondequiera el mensaje es «preocúpate por ti mismo, asegura tu futuro, no des lo que tienes porque te quedarás sin nada, esta economía no está como para regalar», y así por el estilo.

Entonces, ¿qué hace una mujer sabia en cuanto a su economía y la generosidad? Creo que tenemos que considerar otro versículo de Proverbios 31:

«Extiende su mano al pobre, y alarga sus manos al necesitado» (v. 19).

Una mujer sabia entiende que en la economía de Dios compartir en realidad no es dividir, sino multiplicar. Ya hemos hablado de deudas, de tarjetas de crédito, así que está claro que no estoy alegando «tirar la casa por la ventana». Estoy hablando de ser bendición para otros, de extender la mano cuando vemos que hay necesidad, de abrir las puertas de nuestro hogar. En pocas palabras: ser generosas. Por cierto, no es necesario tener una mansión ni servicio cinco estrellas para recibir visitas, basta con un hogar dispuesto a compartir con otros lo que Dios les ha dado. Sí, una casa limpia, una comida caliente hecha con gusto y amor.

Vienen a mi mente las palabras de Pablo en su carta a los cristianos de Roma: «Ayuden a los hermanos necesitados. Practiquen la hospitalidad» (Rom. 12:13, NVI).

Somos administradoras de lo que Dios nos da, no dueñas. Por lo tanto, la idea es que lo compartamos, lo invirtamos en Su obra; que lo distribuyamos y lo usemos, no que lo acaparemos. En los Estados Unidos tenemos la enfermedad del consumismo y el derroche. ¡Cuánto más podríamos contribuir a aliviar a otros si consideráramos que al hacerlo estamos «prestando» a Dios!

Todos tenemos recursos. No hay que ser millonario. Y quiero aclarar algo, no lo hagamos pensando que podemos comprar a Dios porque «si yo doy, Él me dará a mí». Si esa es la motivación, no entendimos el mensaje. La idea es dar con alegría y generosidad de lo que ya Dios puso en nuestras manos porque para eso lo hizo, y le agrada que así lo hagamos; Dios ama al dador alegre (2 Cor. 9:7).

He aprendido y corroborado que las personas más felices son aquellas que dan a otros, que se invierten en los demás. Y no se trata solo de recursos financieros, tenemos mucho más para compartir que el dinero y las cosas materiales.

Hace unos días pensaba y esta idea se quedó fija en mi mente: «La vida cristiana no es una vida de ahorro, sino de inversión». Léelo de nuevo. Pareciera contradictorio a todo lo que hemos venido hablando, pero no lo es.

Si analizamos la vida de Jesús nos damos cuenta de que tuvo un círculo estrecho de amigos, los que ahora conocemos como apóstoles. Jesús escogió a estos doce hombres y pasó con ellos los tres años cruciales de Su ministerio. Día y noche les enseñaba, les exhortaba, les desafiaba. Él sabía que estos hombres tendrían sobre sus hombros la gran tarea de iniciar la mayor revolución de la historia, un movimiento que transformaría al mundo. Tenía que prepararlos. Se invirtió a sí mismo en ellos.

Todo el que sabe, aunque sea lo básico de finanzas, entiende que si el capital no se invierte, se devalúa y no crece. Cuando el «capital» de Cristo llega a nuestra vida, tenemos que hacer justamente eso, invertirlo para que aumente su valor y crezca. ¿Cómo? En otras personas. Eso es la gran comisión.

Una mujer sabia se invierte en otros. No todos tenemos el don de evangelistas que nos menciona Efesios 4, pero sí podemos compartir de muchas maneras lo que tenemos. Nuestra familia es nuestro primer centro de inversiones. Cada historia bíblica que contemos a nuestros hijos, cada vez que oremos con ellos, cada pasaje bíblico que memoricemos juntos, ¡estamos invirtiendo a Cristo en sus vidas!

Siempre he creído que muchas de las cosas que vivimos, además de ayudarnos a crecer y de moldear nuestro carácter, también las vivimos para que luego compartamos la experiencia con otras personas, tal y como hablamos en el capítulo 7.

Tú y yo somos el modelo que otras mujeres van a seguir. Comparte con ellas lo que Dios te ha enseñado, tus experiencias. Quizá es una compañera de trabajo o una vecina que está atravesando por una crisis y necesita de alguien que la anime, que le presente una mejor solución que evadir o derrumbarse ante su realidad. Puedes invertir en ella cada día parte de tu tiempo, ¡y los dividendos de tu cuenta celestial irán aumentando! Eso es acumular tesoros en el cielo.

Volvemos al pasaje de Tito 2 que he mencionado antes. Aquellas que ya calificamos dentro del grupo de las adultas, mayores, maduras, o como queramos llamarle, tenemos la responsabilidad de enseñar a las que vienen detrás, a las más jóvenes. Es el modelo bíblico que Jesús implementó, discipular. Pablo lo hizo con Timoteo, con Tito, y muchos otros. No es nada complicado. El simple hecho de conversar con otras mujeres más jóvenes y compartir experiencias a la luz de la Palabra te ayudará a invertirte en ellas. No tengas temor, comparte tu vida.

Hoy agradezco a Dios por las vidas de otras mujeres que han invertido en mí, desde mi madre y mis abuelas, hasta mentoras que ha puesto en mi camino. Él las ha usado en diversas etapas, de diferentes maneras y cada una ha dejado una huella en particular. Eso implicó que tomaran de su tiempo, que se sentaran a escucharme, que secaran lágrimas, que rieran, incluso que dieran de sus recursos. También significó que me amonestaran y me regañaran cuando fuera necesario. Ahora miro atrás y me siento feliz de haber contado con ellas. Pero no me quedo ahí, quiero ser lo mismo para otras.

Es más cómodo no hacerlo, y mucho más fácil. Nos evitamos disgustos, frustraciones, tristezas. Pero nos habremos perdido ser un instrumento en las manos de Dios. ¿Qué habría pasado si Jesús no hubiese estado dispuesto a lidiar con las flaquezas de Sus discípulos durante tres años? Él, el Hijo de Dios, sabía que era necesario compartir con ellos, invertir su tiempo, porque estos hombres tendrían luego la responsabilidad de continuar la tarea que Él había iniciado.

Quizá nunca podamos medir o nunca sepamos cuán lejos llegó ese tiempo que dedicamos a una jovencita, a la mamá más joven que nos llamó por teléfono, la esposa recién casada que nos pide un consejo. Pero algo puedo garantizarte, en la economía del cielo todas las inversiones tienen éxito y Dios multiplica nuestros esfuerzos.

Por eso te dije al comienzo de esta sección que la vida cristiana no es cuestión de ahorrar, porque en el sentido espiritual, lo que hemos recibido, tenemos que invertirlo. ¿Recuerdas la historia que contó Jesús sobre el dueño y los siervos? Él puso riquezas en las manos de estos hombres, pero no para que las escondieran, sino para que las invirtieran y las ganancias se multiplicaran. Él espera que tú y yo hagamos lo mismo.

Querida lectora, sigamos la sabiduría de este libro proverbial. Compartir con otros y dar de lo que tenemos es la vida que Dios diseñó. Cuando somos generosas e invertimos en otras personas de nuestro tiempo, recursos, cariño, esfuerzos, estamos sembrando en el reino, estamos tocando vidas. ¿Sabes? Mi abuelo tenía razón, siempre que damos «un plato», el Señor devuelve «un caldero». Y no me refiero necesariamente a que nos devuelva en el sentido material. A veces lo hace, otras veces no. Pero, sin dudas, nos devuelve algo mayor, ¡el gozo de servirle y mostrar a Cristo! Esa recompensa no tiene precio.

Oración: Señor, gracias por haberme dado a Cristo. Tú eres la mejor muestra de generosidad. Gracias porque sigues dándome cada día, y por hacerlo abundantemente. Gracias también por los que me han dado y se han invertido en mí. Enséñame a ser una mujer que comparte, que da, que se invierte en los demás. Ayúdame a extender mis manos y mi corazón. Quiero ser un canal de bendición para otros y que mi paso por este mundo pueda dejar una huella que lleve a la eternidad. Perdóname por el egoísmo que tantas veces me caracteriza. Quiero ser como Jesús, que lo dio todo sin esperar nada a cambio. Oro en Su precioso nombre, amén.

PARA PROFUNDIZAR

1. Lee Mateo 25:31-40. Según este pasaje, ¿cuán importante es para Dios compartir y dar a los demás? ¿Qué implicaciones tiene el hacerlo o no?

2. ¿Por qué crees que dar a otros es prestar a Dios?

3. Piensa en las personas que han invertido de su tiempo o recursos en tu vida. ¿Les has mostrado agradecimiento? Nunca es tarde para hacerlo si todavía las tienes a tu alcance.

4. Romanos 12:13 es un mandato para todos los cristianos. ¿Te resulta difícil ser hospitalaria? ¿Por qué? Si no estás segura, pídele a Dios que hable a tu corazón y te lo muestre. Quizá puedas dar un paso más, ¿qué tal si ofreces tu casa para una reunión de damas o de oración? ¿Quizá puedas abrir las puertas a algún misionero? Las oportunidades son muchas si las buscamos.

5. Lee Tito 2:5. Si ya tienes edad suficiente como para clasificar dentro de las «mujeres mayores», ¿estás haciendo lo que dice el pasaje? Pídele a Dios en oración que te dé oportunidades de invertir tu vida, tus experiencias, en otras mujeres más jóvenes.

UNA VIDA CON ORDEN

Los planes bien pensados: ¡pura ganancia!
Los planes apresurados: ¡puro fracaso!
Proverbios 21:5 (NVI)

Si hay algo que me maravilla del Libro de Proverbios es su sentido práctico. Escrito hace cientos de años dice cosas que parecieran haberse escuchado en el último tuiteo de alguien con mucha experiencia y sabiduría en la vida. Así que no me sorprende que entre todos esos consejos prácticos encontremos el tema de la planificación.

Reconozco que, aunque no es un tópico que gusta a todos, la mayoría de las personas prefiere las cosas bien organizadas y planificadas, ¿no es cierto? No sé si has visitado algunos de los parques de Disney, pero esta compañía sobresale por su sentido de organización. ¡Es casi increíble! Cada detalle está muy bien pensado. Sin embargo, la excelencia que caracteriza a esta compañía no es algo que se logre simplemente con desearlo ni al azar, lleva un esfuerzo planificado y con mucho orden. La realidad es que para lograr esos resultados se necesita también un trabajo previo. Y lo mismo sucede con nuestra vida, nuestras familias y nuestros hogares. Si queremos que todo fluya y que el caos no nos domine, necesitamos entender este principio de Proverbios: hacer planes.

El versículo que citamos al principio nos dice que cuando hacemos planes y trabajamos, tendremos ganancias; y quisiera que entendieras que ganancias es más que millones en el banco, y pobreza es más que una cuenta en rojo. Ambos términos podemos aplicarlos a la calidad de nuestra vida en todos sus aspectos. Una mujer que busca ser sabia y edificar su casa sobre un buen cimiento es una mujer planificada y organizada. Tal vez ahora te preguntes: ¿por dónde empiezo si la planificación y la organización no son rasgos que me caracterizan? Veamos.

 ## EL PRIMER PASO

Esta es la base de todo buen plan: ora por tus planes, pídele a Dios dirección. Busca consejo en Su Palabra. Muchas veces invertimos las cosas. Tomamos una decisión, la llevamos a efecto y luego esperamos que Dios nos bendiga sin siquiera haber consultado con Él. Amiga que me acompañas en este viaje, antes de poner los planes en marcha, oremos y busquemos la dirección de Dios. Sobre todas las cosas, no olvidemos que los planes de Dios siempre son mejores que los nuestros.

Uno de los proverbios que más ha hablado siempre a mi vida en cuestión de planes y metas es este: «Encomienda tus obras al Señor, y tus propósitos se afianzarán» (Prov. 16:3). ¿Te percataste? Encomendar es encargar algo a alguien. De modo que ese proverbio nos está aconsejando dejar los planes en manos de Dios, desde el principio.

Algo que ha sido muy bueno para mí es encomendar al Señor mi día, y mis planes, a primera hora de la mañana. Entiendo que es la mejor preparación para las 24 horas que tengo por delante. Fue un consejo que me dio mi abuela, y tenía razón. Claro, eso no quiere decir que no tendré problemas que enfrentar durante el día. No es una fórmula mágica. Lo que quiere decir es que estaré preparada espiritualmente para lo que el día me pueda presentar.

Jesús entendió muy bien esta verdad, y la modeló a Sus discípulos. Mira un ejemplo en este pasaje: «Levantándose muy de mañana, cuando todavía estaba oscuro, salió, y se fue a un lugar solitario, y allí oraba» (Mar. 1:35). Eso siempre me ha maravillado. Uno pudiera pensar que Jesús no necesitaba orar ni consultar con Dios, ni contarle las cosas, ¡a fin de cuentas Él era Dios mismo! Sin embargo, en Su condición humana reconocía que ahí estaría el éxito de Su ministerio y la fortaleza para cumplir con Su misión.

Sé que muchas veces nos sentimos tentadas a pasar este paso por alto. A mí también me ha sucedido. Las distracciones, las listas de pendientes, el reloj que camina, el teléfono que suena y la tentación de chequear y ver qué está pasando en Facebook. Todas estas cosas compiten por nuestra atención a primera hora de la mañana. Seamos diligentes y pongamos las prioridades en orden. Orar por nuestros planes, encomendarlos al Señor, es una manera sabia de vivir.

PLANIFICA

Algunos le atribuyen la frase siguiente al escritor francés, Antoine de Saint-Exupéry: «Una meta sin un plan, es solo un deseo». Incluso cuando sepamos adónde queremos llegar, la meta, si no tenemos un plan, se quedará en deseo. Hay sabiduría en hacer planes, y la planificación comienza por el tiempo. Quizá esto te suene trillado o demasiado absoluto. Tal vez tu personalidad es más flemática y prefieres dejarte llevar por la corriente del día. Sin embargo, la mujer de Proverbios 31, a quien consideramos tan virtuosa, era madrugadora y planificada: «Se levanta de madrugada, da de comer a su familia y asigna tareas a sus criadas» (v. 15, NVI). Aunque tenía ayuda doméstica, ¡no se quedaba en la cama! Asombroso, ¿no crees? Ella se levantaba para organizarse y planificar el trabajo.

Ya que este tema es algo tan práctico, me gustaría compartir contigo algunas ideas. A medida que las conviertas en un hábito irás descubriendo otras propias y verás qué funciona mejor en tu horario y tu familia.

Ir al mercado con una lista de compras. Esto evita gastos innecesarios. Cuando no tenemos una lista, la tendencia es comenzar a recorrer los pasillos y acabamos comprando cosas que no nos hacen falta y que a menudo terminan en la basura porque se echan a perder o caducan.

Elabora un menú semanal. Esto nos ayuda a comprar solo lo que vamos a consumir; con la misma idea, para ahorrar. Además, nos quita tener que hacernos agua la cabeza pensando ¿qué cocinaré hoy? No lo hago siempre, pero sé que resulta y es de gran ayuda. Cuando mis hijos eran más pequeños les encantaba que pusiera el menú en la puerta del refrigerador porque así sabían lo que tendrían para cenar.

Considera antes de hacer. Antes de asumir un proyecto, ya sea a nivel personal o como familia, considera las implicaciones. ¿Tengo el tiempo necesario? ¿Cuento con los recursos? ¿Qué pasos tengo que dar? ¿En qué etapa de la vida me encuentro? ¿Es lo mejor? Te pongo un ejemplo de la importancia de estas preguntas. Lo que quizá sea factible para la mamá de adolescentes o para una mujer soltera, pudiera no resultar de momento para la mamá de niños pequeños que apenas tiene tiempo para ducharse cada día. Y esos son asuntos que debemos considerar antes de aventurarnos en algún proyecto.

El propio Señor Jesús nos da una lección práctica en una de Sus parábolas: «Porque, ¿quién de vosotros, deseando edificar una torre, no se sienta primero y calcula el costo, para ver si tiene lo suficiente para terminarla? [...] ¿O qué rey, cuando sale al encuentro de otro rey para la batalla, no se sienta primero y delibera si con diez mil hombres es bastante fuerte como para enfrentarse al que viene contra él con veinte mil?» (Luc. 14:28, 31). En múltiples ocasiones, para no decir «no», nos lanzamos a proyectos o compromisos sin medir las implicaciones de tiempo, los recursos, etc. ¡Y luego nos vemos ahogadas! Seamos sabias, primero consideremos, y después demos una respuesta o iniciemos el proyecto.

Prevé. Una mujer sabia planifica sus recursos financieros, y de todo tipo. Nuestra mujer modelo, la de Proverbios 31, planificaba de muchas maneras. Mira lo que dice el versículo 21 del capítulo 31: «Si nieva, no tiene que preocuparse de su familia, pues todos están bien abrigados» (NVI). Esto quiere decir que de antemano ella se ocupó de buscar y hacer ropa y mantas para cuando llegara el invierno. No podía darse el lujo de esperar a última hora porque tal vez no encontraría lo que necesitaba, no tendría tiempo o sería demasiado costoso. ¡Y hoy sucede igual! Muchas veces esperamos al último momento y entonces no tenemos tiempo de buscar la mejor oferta y nos toca optar por la que tengamos a mano, y muchas veces es la más costosa. ¿Quieres una idea sencilla? El mejor momento para comprar abrigos es cuando se termina el invierno. Es decir, cada año aprovecha las liquidaciones y compra para tus hijos que los necesitarán al año siguiente y no les servirán los del anterior. Lo mismo sucede con los trajes de baño, compra al final del verano. ¡Lo he hecho y me he ahorrado muchísimo!

Antes de cerrar con el tema de la planificación, quizá pienses: *Bueno, ¿y cómo puedo conciliar esto con lo que dice Mateo 6 con respecto a «vivir el día» y no preocuparme por mañana?* La Palabra de Dios no se contradice, y los principios son los mismos. Lo que Jesús estaba diciendo aquí es muy diferente. Su mensaje era: *No vivan con temor, preocupados por el futuro, mi Padre lo tiene todo bajo control. La tarea de ustedes es buscar a Dios en primer lugar. Las cosas materiales no pueden ser el enfoque de su vida.* ¿Lo entiendes mejor ahora? Espero que sí. No hay discordancia entre llevar una vida planificada y al mismo tiempo saber que quien nos provee es el Señor. Lo cual nos lleva al siguiente punto.

 NO DERROCHES

Hace un tiempo, mientras leía el Evangelio de Juan, saltó a mi vista este versículo: «Cuando se saciaron, dijo a sus discípulos: Recoged los pedazos que sobran, para que no se pierda nada» (Juan 6:12). ¿Sabes qué fue lo que me maravilló? Que Jesús, con poder suficiente para multiplicar la comida y cualquier otra cosa, les dijera a Sus discípulos que recogieran lo que había sobrado para que no se desperdiciara nada. Despilfarrar habla de nuestra poca consideración por las bendiciones que Dios ha puesto en nuestras manos. Es lamentable que en algunos países vivamos una economía de derroche cuando en tantos otros la gente muere de hambre y escasez.

Un proverbio nos habla claramente del tema: «En casa del sabio abundan las riquezas y el perfume, pero el necio todo lo despilfarra» (Prov. 21:20, NVI). Está claro, ¿verdad? Cuando despilfarramos no somos sabias, sino todo lo contrario, ¡necias! Y en la carta de Santiago, capítulo 5, leemos la amonestación a los que llama «los ricos», y parte de esa amonestación es por una vida desenfrenada y de derroche. ¡Prestemos atención y seamos sabias en esto también!

Algunas ideas prácticas. Esas cosas que quizá consideremos que sobran o que ya no podemos usar, pudieran ser muy útiles para otros. Quizá es ropa que dejó de quedarles a nuestros hijos, un hogar de niños desamparados puede usarlas. Basta con hacer una llamada. Y, por cierto, no donemos aquello que está manchado o roto. Pensemos en esos niños como lo haríamos con los nuestros. Tal vez es un mueble que cambiamos, existen organizaciones que ayudan a otros e incluso ofrecen el servicio de recogida. La idea es que siempre pensemos en cómo no despilfarrar y más bien, ayudar y bendecir a otros con lo que tenemos. ¡Somos administradoras de lo que el Señor nos da!

 AHORRA

Hace un tiempo también leí esto en Proverbios, y me asombró mucho porque nunca me había percatado de que la Biblia tocara el tema del ahorro: «Quien ahorra, poco a poco se enriquece» (Prov. 13:11, NVI).

Si haces una búsqueda en BibleGateway.com en la Biblia de las Américas, por ejemplo, encontrarás que la palabra dinero se menciona 113 veces. En otras versiones, por asuntos de traducción, aparece todavía más. Entre las parábolas de Jesús el dinero es muchas veces protagónico. Esto nos dice, como hemos mencionado antes, que el asunto del dinero y cómo tratemos con él es de suma importancia para Dios.

He observado que, por lo general, en cada matrimonio uno de los dos es más propenso a ahorrar y el otro a gastar. Creo que en cierto modo es mejor porque así se logra un equilibrio, ¿no te parece? Sin embargo, a pesar de que no me gustan los números, ni tampoco llevar las cuentas, he tenido que aprender un poco del tema porque creo que es parte de mi responsabilidad como esposa y madre. Todavía me queda mucho por delante, ¡pero prosigo a la meta!

Una de las primeras cosas que necesitamos hacer para cuidar bien nuestras finanzas es evaluar cómo usamos los recursos financieros que Dios nos da. Cuando gastamos más de lo que ganamos, no hay espacio para el ahorro.

Ahorrar está en el plan de Dios para nuestras familias, como mencioné al principio. Los que somos padres tenemos la responsabilidad de labrar un futuro para nuestros hijos, algo que también está medio torcido en la actualidad. El apóstol Pablo lo recuerda en una de sus cartas: «… porque los hijos no tienen la responsabilidad de atesorar para sus padres, sino los padres para sus hijos» (2 Cor. 12:14). Es lamentable que pensemos que es responsabilidad de nuestros hijos proveer para nuestra vejez. Sí, se supone que nos ayudarán cuando ya no podamos valernos en el sentido físico, pero debemos ser diligentes y prepararnos lo mejor posible para que, llegado el momento, no seamos una carga financiera. Me recuerda lo que dice Proverbios que sucede con las hormigas: «Tú, holgazán, aprende una lección de las hormigas. ¡Aprende de lo que hacen y hazte sabio! […] se esfuerzan todo el verano, juntando alimento para el invierno» (Prov. 6:6,8, NTV). Si aplicamos el pasaje a nuestra vida, la idea es que cuando estemos en el verano de nuestros años, con todas las fuerzas, cuando podemos trabajar duro y esforzarnos, ¡hagámoslo! De ese modo cuando llegue el invierno, la vejez, tendremos provisión segura.

Me gustaría aclarar algo. Ahorrar no es sinónimo de acaparar. Ya hemos visto que la generosidad debe caracterizar a la iglesia. Ahorrar es una manera sabia de administrar lo que hemos recibido del Señor. La palabra de Dios es la norma para nuestras vidas y los principios en cuanto al dinero también tenemos que aplicarlos si queremos vivir de la manera plena y abundante que Él diseñó para nosotros.

Una vida planificada y organizada da estabilidad al hogar, disminuye los niveles de estrés y, por consiguiente, contribuye al bienestar de la familia. Dios es un Dios de orden, y nosotras debemos aprender de Él que es el diseñador. En el diseño de Dios todo es cuestión de equilibrio. Ahorramos y no derrochamos y, al mismo tiempo, compartimos. Eso sí, no olvidemos que nuestra vida, incluyendo nuestras finanzas y nuestro futuro, están en manos de Dios, Él es nuestro proveedor por excelencia y en esa certeza podemos descansar sin temor al futuro.

 ¡CUIDADO!

Creo que se impone una advertencia, porque hablar de organización, orden, limpieza y demás, tiene dos caras; y es crucial que no pasemos esta segunda cara por alto.

El asunto es que en nuestra cultura latina es muy común que se vincule la identidad de la mujer con la manera en que tenemos nuestra casa, nuestros hábitos de limpieza y organización. Está claro que no estoy abogando por vivir en total descuido y desorden, ya hablamos de eso. Sin embargo, la identidad de una mujer cristiana no está en la limpieza de su casa, ni en ninguna otra cosa semejante.

Es muy fácil creer que seremos mejores mujeres, más dignas de elogio, más adecuadas para el matrimonio y la creación de una familia según nuestro desempeño en el hogar y, de acuerdo con eso, determinar quiénes somos. ¿Por qué es muy fácil? Porque está ligado a *hacer* y no a *ser*. El ser humano siempre ha querido que lo definan por lo que hace. De ahí que muchas veces cuando nos piden que hablemos un poco de nosotros, casi siempre la respuesta se va a títulos universitarios, cargos, etc. Y en el caso de la mujer, nuestra mente por defecto se apega a estas cosas, lo que hago en mi casa, lo que hago por mi familia, lo que hago en mi iglesia, y demás.

Lo más sorprendente es que, incluso después de venir a Cristo, seguimos contemplando pensamientos similares. Seguimos creyendo que nuestra identidad está en hacer, y seguimos creyendo que solo siendo una súper mujer, que reúna todas y cada una de las cualidades que se listan en Proverbios 31 seremos una «excelente mujer cristiana».

Creo que a estas alturas ya tenemos claro que no hay nada de malo en querer ser una mujer virtuosa, eficiente en su hogar, organizada, buena administradora. Todas esas son cualidades que podemos cultivar, ¡pero no nos definen! Sea que tu casa luzca como de Pinterest o que ahora mismo parezca un caos porque tienes niños pequeños que esparcen sus juguetes, o eres madre soltera que tiene que hacer malabares para cumplir con un trabajo fuera de casa y con el trabajo dentro de casa, ¡tú no eres lo que muestra tu casa! Cristo te ha hecho coheredera de la gracia, adoptada en la familia de Dios, nueva criatura. No hay condenación para ti si la casa está más o menos limpia; si eres más organizada con menús de la semana, o si a veces tienes que preparar sándwiches porque no hubo tiempo para más. ¡Eres libre de la atadura de una identidad ligada a lo que haces porque Cristo es tu identidad!

Estamos viviendo en un mundo que nos hace creer que somos menos si no tenemos hijos con ropa coordinada, cenas con cinco platos ¡todos saludables!, y muchas otras cosas. ¿Sabes? Yo también caí presa de esa falacia, a tal punto que ver ciertos programas de televisión me provocaba un descontento con mi casa porque no lucía igual. A veces también he vuelto locos a los míos en un afán de que todo esté en un orden extremo porque vienen visitas. ¿Sabes cuál es el problema? Que creemos que será nuestra casa, o nuestra apariencia y demás, lo que nos define. Queremos causar una buena impresión. Y eso tiene muchas otras aristas, nos lleva a comparar, nos lleva a sentirnos disconformes, nos lleva a dejar de disfrutar la bendición que tenemos delante, a quizá prestar más atención a la casa que a las personas que viven dentro. ¡Nos esclaviza!

¿Hay algo de malo en querer que la casa luzca bonita, esté limpia, preparar una mesa linda para los invitados y cosas semejantes? ¡No! Y me gusta. Pero he entendido que es pecado ligar quién soy a esas cosas. Cristo es mi identidad. No lo que yo hago, ni mi casa, ni mi familia, ni mi trabajo, ni mi ministerio, ni mi ropa, ¡nada!

Vale recordar lo que nos dice la Palabra de Dios: «Porque somos hechura suya, creados en Cristo Jesús para hacer buenas obras, las cuales Dios preparó de antemano para que anduviéramos en ellas» (Ef. 2:10).

Así que, mi querida lectora, si de alguna manera has caído o estás cayendo en la trampa de ligar quién eres a algunas de estas cosas, recuerda, como mujeres, en nuestros diferentes roles, podemos «hacer», pero nunca sin olvidar que eso es una consecuencia de «ser».

Oración: *Señor, gracias a Cristo y a Su obra en la cruz, Él es mi identidad. Gracias también porque sé que tú eres Jehová-jireh, el Dios que provee. Gracias por las muchas bendiciones que derramas sobre mi vida. Padre, ayúdame a ser una buena administradora de los recursos que pones en mis manos, comenzando por mi tiempo. Perdóname cuando hago planes sin contar contigo y olvido que eres tú quien primero escribe mi agenda. Señor, ayúdame a ser sabia y a planificar mi tiempo y mis finanzas. Enséñame tus principios y que sea yo diligente en practicarlos. Bendice el fruto del trabajo de mi familia y que seamos sabios para ahorrar y al mismo tiempo compartir con otros. Gracias porque nuestra vida está en tus manos y no tenemos que vivir preocupados. En el nombre de Jesús, amén.*

PARA PROFUNDIZAR

1. ¿Cómo empiezas tu día? Sé honesta y evalúa tu rutina. Tal vez sea hora de cambiar el orden y comenzar como Jesús, encontrándote con el Padre.

2. ¿Te gusta planificar o prefieres hacer las cosas siempre de manera «espontánea»? Lee ahora Proverbios 24:27 y considera qué método nos sugiere la Palabra de Dios.

3. Lee Proverbios 27:23-24, ¿qué quiere decir? ¿Cómo puedes aplicar esto a las finanzas familiares?

4. ¿Te consideras una mujer que ahorra o que despilfarra? Si es lo primero, ¿cuál es la motivación para hacerlo? Si es lo segundo, confiesa a Dios este pecado y pídele Su ayuda para cambiar dicha actitud.

SE BUSCA: MUJERES VALIENTES Y ESFORZADAS

Ella se ciñe de fuerza, y fortalece sus brazos.
Proverbios 31:17

Algunas personas nos dejan sin habla cuando les observamos porque están llenas de energía, siempre andan de un lado a otro haciendo algo y cuando no hacen nada, están pensando qué hacer. Mi mamá es una de esas mujeres, siempre activa, como una hormiguita; pero no solo es activa, sino también es una mujer esforzada.

Terminó la universidad estudiando de noche porque trabajaba de día para poder sostenernos. Ayudó, literalmente, en la construcción de su casa, y cuando digo ayudó no me refiero solo a preparar meriendas; hablo de poner ladrillos y hacer cualquier otra cosa que se necesitara. Me cosía la ropa e incluso en algunos momentos usó la costura también como medio de ingresos. Pasados los cincuenta años emigró a otro país. Tuvo que comenzar su vida de nuevo y sin dominar el idioma; pero, por la gracia de Dios, y porque es una mujer valiente y esforzada, ha podido abrirse paso, tener un buen trabajo y adaptarse bien a la nueva vida.

Sí, Dios ha bendecido mucho a mi mamá, y me atrevo a decir que ha premiado sus esfuerzos. Siempre la admiraré porque aprendió que, en la vida, para lograr las cosas, nos toca esforzarnos. No solo lo aprendió, me lo ha inculcado desde pequeña. Y el Libro de Proverbios nos enseña exactamente eso: la mujer sabia se esfuerza y es valiente.

DESTIERRA LA PEREZA

¿Qué es una mujer esforzada? Dicho con pocas palabras, una mujer dispuesta, o como dice la Real Academia: «de gran corazón y espíritu». ¡Me gusta esa definición!

Cuando pienso en esfuerzo no puedo olvidar a Rut, la de la Biblia. Esta joven viuda deja su tierra para acompañar a la suegra quien decide regresar a su país de origen tras la muerte de su esposo y sus dos hijos. Contado así parece muy fácil, pero nada más lejos de la realidad. Rut era de Moab, una tierra enemiga, despreciada por los israelitas, y aunque en este libro de la Biblia no se hace mención del conflicto, era muy latente. ¿Te imaginas cómo la miraban cuando llegó, los comentarios de la gente, sobre todo de las otras mujeres del pueblo?

Rut y Noemí no solo eran mujeres, sino viudas y sin ninguna otra familia. Con esas características en aquella sociedad encontrar sustento no era difícil, ¡era casi imposible! Sin embargo, Rut no se amedrentó. Ella se vistió de fuerza y dignidad, como la proverbial mujer del capítulo 31, y se dispuso a luchar, no solo por su futuro, sino por el de su suegra, probablemente ya una anciana. ¡Qué gran corazón!

Dice la Biblia que «Rut salió y comenzó a recoger espigas en el campo, detrás de los segadores» (Rut 2:3, NVI) y trabajó muy duro, según el testimonio de los que la vieron. Mira lo que el supervisor le dijo a Booz, el dueño del campo: «Es la joven moabita que volvió con Noemí de la tierra de Moab [...] Y vino y ha permanecido desde la mañana hasta ahora; solo se ha sentado en la casa por un momento» (vv. 6-7). En lenguaje moderno diríamos que era una mujer muy trabajadora.

Sin dudas, Dios tenía planes con la vida de Rut. Si leemos el libro completo lo entenderemos bien. Pero, de cualquier manera, él la miró con agrado y la premió con creces porque solo cinco mujeres se mencionan en la genealogía de Jesús y una de ellas es Rut, la moabita esforzada.

¿Queremos ser mujeres sabias? Entonces nos tocará ser esforzadas, y eso implica diferentes esferas de nuestra vida. Por ejemplo, tener una familia que honre a Dios no es trabajo fácil. ¡Para nada! Es un esfuerzo diario porque los desafíos se presentan constantemente, de varias maneras, y en muchas ocasiones sin avisar. Un buen matrimonio lleva esfuerzo, hay que amar a pesar de las diferencias, los problemas y las enfermedades. Hay que esforzarse para seguir adelante cuando en realidad quisiéramos darnos por vencidas. ¿Y criar hijos? Esa, sin duda, es una tarea donde el resultado del esfuerzo puede demorar años en dar fruto. Alcanzar un título profesional requiere noches de estudio en vela, quedarse haciendo proyectos cuando los demás quizá están disfrutando una película o paseando. Recuerdo muy bien mis días en la universidad. Las madrugadas estudiando para un examen. Las veces en que, dada la situación de mi país, tenía que caminar kilómetros porque no había transporte para regresar a casa luego de las clases. Era un esfuerzo continuo en todos los sentidos. Sin embargo, al final, vi los resultados.

Todas estas cosas valen la pena, ¿no es cierto? El asunto es que nada de lo valioso en la vida es fácil. ¿Recuerdas la historia de Josué? Una y otra vez Dios le repitió que, aunque estaría a su lado para enfrentar la conquista de la tierra prometida, a él le tocaría esforzarse. Y hay otra historia, tal vez no tan conocida, que ilustra muy bien el punto. La encuentras en 1 Crónicas 19. Joab, comandante del ejército de David, estaba preparando al ejército para la batalla contra los amonitas y los arameos. La situación parecía complicada y estas fueron sus palabras a Abisai, su hermano: «Esfuérzate, y mostrémonos valientes por amor a nuestro pueblo y por amor a las ciudades de nuestro Dios; y que el Señor haga lo que le parezca bien» (v. 13). De modo que, no importa cuál sea la tarea, no es que lo hagamos en nuestra propia fuerza, ¡no podríamos! Sabemos que nuestra fortaleza está en el Señor, y al final es Él quien decide los resultados de nuestros esfuerzos. No obstante, nos corresponde actuar ante las labores y los desafíos que la vida nos presenta.

¿Qué es lo contrario al esfuerzo? ¡La pereza! ¿Te imaginas cómo habrían terminado Rut y Noemí si fuera la pereza y no el esfuerzo lo que hubiera predominado? Probablemente muertas de hambre. Dice Proverbios 31 que la mujer virtuosa y capaz no sufre como consecuencias de la pereza. Léelo tú misma: «Ella vigila la marcha de su casa, y no come el pan de la ociosidad» (v. 27). Es una mujer que se esfuerza. ¿Cuántas veces anhelamos lograr ciertas cosas? Sin embargo, no queremos el esfuerzo que conlleva.

¿Sabes que durante mucho tiempo pospuse escribir este libro? En mi mente lo justificaba diciendo «es que no tengo tiempo ahora», «cuando esté un poco más libre», y excusas similares. La realidad es que, si espero por ese momento ideal, ¡nunca lo hago! Sentarse frente al teclado y decir: «Ahora voy a escribir y escribir sin parar durante cierta cantidad de tiempo», es una cuestión de esfuerzo y disciplina. Todavía no sé cuál será el resultado final, pero estoy convencida de que quedaré satisfecha porque lo hice y lo terminé.

Ahora bien, el esfuerzo tiene una hermana, se llama valentía.

 AJUSTARSE LA FALDA

No me considero una persona súper valiente, de hecho, puedo dar un buen grito ante una cucaracha y saltar alto si veo un ratón. Recuerdo una vez, hace ya muchos años, cuando vivíamos en Cuba. Allá no es como donde vivo ahora. Ya que el clima es tan caliente y no hay aire acondicionado central, las ventanas se quedan abiertas todo el tiempo y eso invita a muchos huéspedes no deseados.

Aquel día, probablemente de verano, nos despertamos como siempre para ir a trabajar. ¿Te ha pasado alguna vez que percibes que hay un intruso en la habitación, aunque no lo veas? A mí sí, con ranas, cucarachas y otros visitantes no invitados. Entonces, por el rabillo del ojo, me pareció que algo se movía. Volteé la cabeza para ver y di un grito: «¡Un guayabito!». Así les llaman en mi país a los ratones muy pequeños. Mi esposo se levantó con mi susto y yo me quedé sentada en la cama. Aquella criatura no medía más de diez centímetros y nos miraba con sus ojitos negros desde una esquina del techo.

Le dije a mi esposo: «¡Yo no me bajo de aquí hasta que lo mates!». La verdad es que creo que el ratón se asustó más que yo porque luego de la persecución incansable de mi esposo, con un zapato que era lo único que tenía a mano, salió huyendo por una ventana y nunca más lo vi.

Después de aquella ocasión, más de una vez he tenido que ocuparme de los insectos que detesto porque estoy sola en casa o con mis hijos. Claro, la vida nos presenta retos mucho más grandes que un pequeño ratón o una fea cucaracha; y tenemos que entender que Dios nos ha llamado a ser mujeres valientes. Por eso creo que me gusta tanto la historia de Abigaíl, su biografía se nos narra en 1 Samuel 25.

Pocas veces la Biblia hace referencia a los rasgos físicos de las personas, por lo general es solo cuando eso tiene alguna implicación en el relato. De ella se dice que era una mujer «inteligente y de hermosa apariencia». La NTV dice que era «sensata y hermosa». Su nombre significa «el gozo de su padre», y dadas las circunstancias, creo que pudiéramos añadir: «el gozo de su familia».

Abigaíl estaba casada con un hombre llamado Nabal. Realmente no sé el motivo que tuvieron los padres al escoger su nombre, pues el significado de Nabal es tonto... ¡casi parece profético porque un tonto fue! La Escritura también dice que era «grosero y mezquino en todos sus asuntos» (vv. 10-11, NTV), además era un borracho despilfarrador (v. 36) y con un carácter tan malo que hablarle era imposible (v. 17). ¡Pobrecita, Abigaíl! En honor a la verdad, un esposo así es como para halarse los pelos, pasarse el día lamentándose y vivir en total desánimo e indiferencia. Pero esta mujer era sensata, de buen entendimiento. A mí me gustaría describirla como una mujer sabia y valiente.

Si conoces la historia, ya sabes que la situación que la familia enfrentaba en ese momento era difícil, una emergencia. David, con todos sus hombres armados, venía a atacarles porque el tacaño Nabal no quiso darles alimento, a pesar de que antes ellos le habían ayudado. Los sirvientes expusieron a su ama lo sucedido y ahora ella debía tomar una decisión.

Abigaíl examinó la situación y entendió que la única manera de salvar a su familia era apelando a la misericordia de David. ¿Cómo lo hizo? Acudió a responder a la necesidad que David y sus hombres tenían: ¡Comida! Esta era una mujer sabia y práctica. Se dispuso a preparar un banquete, ¡para llevar! El menú que preparó agota a cualquiera de tan solo pensarlo (v. 18). Pero fue sabia al entender que, si no intervenía, su familia peligraba. Y no solo sabia, ¡fue valiente! Abigaíl no consultó con su esposo nada de lo que iba a hacer; y tengamos en cuenta que se trata de una época en la que las mujeres eran prácticamente propiedad de los esposos, no tenían voz ni voto. Los actos de Abigaíl eran un desafío que podía costarle muy caro, sobre todo si consideramos lo que ya sabemos de Nabal; pero ella escogió una actitud valiente por el bien de su familia. Su otra alternativa era una actitud de autocompasión; sufrir y echarse a morir en espera de lo que David haría con ellos.

Gracias a la actitud valiente de esta mujer, la familia sobrevivió. Y bueno, la historia tiene un final que no hubiéramos podido imaginar porque Nabal murió de un ataque al corazón, según dice el hebreo del Antiguo Testamento, y David le pidió a Abigaíl que fuera su esposa.

Tal vez nosotros no tengamos a nadie que venga a atacarnos humanamente, pero la Biblia enseña que tenemos al enemigo de nuestras almas que anda siempre rugiendo en busca de una víctima, y puedes estar segura de que la familia es uno de sus blancos preferidos. Cuando tenemos dificultades en el hogar, con los hijos, en la iglesia, en nuestras relaciones personales, adoptar una actitud de autocompasión no nos llevará a ninguna parte. Una actitud valiente para enfrentar la situación y luchar, marca la diferencia.

Para Abigaíl hubiera sido fácil decir: «Nabal es el hombre de la casa, ¡que él lo resuelva!». Pero no lo hizo porque sabía que había mucho en juego. Tal vez te has encontrado con un Nabal, y aunque sea difícil, no justifica que no ocupes tu lugar, por amor a tu familia, y busques sabiduría de Dios para tomar decisiones acertadas y valientes que le honren a Él.

Dice Proverbios 31 que la mujer virtuosa se reviste de fuerza y afronta segura el futuro. Entonces, mi amiga lectora, tenemos que despojarnos del letargo, la pereza, el temor. Sí, tenemos que orar y estudiar la Palabra de Dios, eso ya ha quedado claro, pero luego nos tocará ajustarnos bien la falda y caminar con valentía, dispuestas a esforzarnos cada día. ¿Fácil? Claro que no. Pero Dios no nos ha dado un espíritu de temor, ni de cobardía, sino de poder en Cristo y mediante Su Espíritu Santo. Así que, en realidad sí tenemos las herramientas para ser valientes y esforzadas. Solo es cuestión de apoderarnos de esa verdad y estar dispuestas a caminar en ella cada día.

Para este tiempo hemos nacido, a pesar incluso de los ratones y las cucarachas.

Oración: *Señor, gracias por dejarme en tu Palabra legados de mujeres como Rut y Abigaíl. Quiero ser una mujer esforzada y valiente, aunque me cueste. Perdóname cuando me dejo vencer por la pereza incluso en cosas tan valiosas como mi familia. Dame las fuerzas cuando me falten, Padre, tal y como lo prometes en tu Palabra. Gracias porque sé que los esfuerzos de hoy tendrán su recompensa mañana. Cuando sienta temor, ayúdame a ser valiente y recordar que no estoy sola, Cristo prometió Su presencia hasta el fin. En Su nombre oramos, amén.*

PARA PROFUNDIZAR

1. ¿Te consideras una mujer trabajadora o perezosa? Sé honesta al responder, esto es entre tú y Dios. ¿Qué piensas ahora luego de leer este capítulo?

2. Lee Eclesiastés 10:18 y Proverbios 13:4. ¿Cuáles son las consecuencias de la falta de esfuerzo?

3. ¿Conoces la historia de Josué? Lee Josué 1:7-9. Ante el desafío que tenía por delante, ¿qué le ordenó Dios? ¿Acaso no será igual para nosotros? Lee 1 Corintios 16:13 (búscalo en varias versiones si tienes la posibilidad).

4. ¿En qué situación de tu vida actual pudieras necesitar esforzarte o ser valiente? Decide hoy que con Cristo podrás hacerlo. Considera qué pasos dar para comenzar.

LA AMISTAD

... hay amigo más unido que un hermano.
Proverbios 18:24b

Tal vez has escuchado esta frase antes: «La familia es la que te toca, los amigos los escoges tú». Muy cierto, ¿verdad? Para mí los amigos son un tesoro especial, sobre todo porque no tengo hermanos biológicos. Agradezco a Dios por los muchos amigos que ha traído a mi vida en las diferentes etapas. También he conocido casos de «llaneros solitarios», gente que va por la vida pensando que no necesita tener amigos, ¡qué triste y qué gran engaño! Dios, todopoderoso y completo en sí mismo, valora la amistad. Quizá nunca lo habías pensado, pero te muestro algunos ejemplos.

Jesús llamó amigos a Sus discípulos: «Ya no os llamo siervos, porque el siervo no sabe lo que hace su señor; pero os he llamado amigos, porque os he dado a conocer todo lo que he oído de mi Padre» (Juan 15:15). Luego, cuando estaba en Getsemaní, justo antes de que lo apresaran para ser crucificado, pasó un tiempo orando a Su Padre, pidiendo fortaleza para lo que se avecinaba. Eso lo sabemos y lo recordamos. Sin embargo, hay un detalle que se nos escapa muchas veces, Él pidió a Pedro, Jacobo y Juan que le acompañaran mientras estaba allí. ¿Podía haber ido solo? Por supuesto, pero la compañía de esos amigos queridos haría que aquel momento difícil fuera más llevadero. Dios consideró a Abraham Su amigo: «Pero tú, Israel, siervo mío, Jacob, a quien he escogido, descendiente "de Abraham, mi amigo"» (Isa. 41:8, énfasis de la autora).

Estamos viviendo en un mundo tan acelerado que a veces pensamos: *Es verdad, la amistad es algo bello, pero no tengo tiempo para cultivarla.* Esa es una mentira que nos hemos creído, y una buena estrategia de Satanás porque él sabe que la gente solitaria es más fácil de derrotar. Necesitamos de los amigos, necesitamos la comunidad. Dios nos hizo para habitar en comunidad, no en soledad. De modo que la amistad es vital para una vida saludable a nivel emocional y espiritual.

El sabio Salomón, a quien se le atribuye el Libro de Eclesiastés, dijo esto: «Y si alguien puede prevalecer contra el que está solo, dos lo resistirán. Un cordel de tres hilos no se rompe fácilmente» (Ecl. 4:12). Llevar las cargas solas es difícil, pero compartirla con otros las aligera. Luchar solas es prácticamente imposible, cuando nos unimos a los amigos y hermanos en la fe, la pelea es diferente.

Desde que mi hija era pequeña hemos tenido varias conversaciones sobre el tema de la amistad. A estas alturas ya ha experimentado esos dolores que nos hacen crecer: una amiga que en realidad no lo era, una que se burló, otra que hizo un comentario hiriente... Yo también he estado ahí, y me imagino que sucede igual contigo. Sí, Dios nos hizo para vivir en comunidad, pero no siempre es fácil.

La mayoría de las mujeres disfrutamos tener amigas, nos gusta compartir con ellas, hacer cosas divertidas juntas, ¡las necesitamos! Sin embargo, como siempre le he dicho a mi hija, tenemos que aprender a ser sabias a la hora de escoger nuestras amigas. Una vez más, el Libro de Proverbios nos va a ayudar.

 ## SÉ UNA BUENA AMIGA

Creo que de aquí debemos partir. Si queremos tener buenas amigas, debemos ser buenas amigas nosotras mismas. Hace un tiempo publiqué en el blog un artículo titulado «Siete consejos {proverbiales} para ser mejores amigas», proverbiales porque están precisamente basados en el Libro de Proverbios. Aquí tienes la lista ampliada.

Consejo número 1: Sé la clase de amiga que quisieras tener. «El hombre que tiene amigos ha de mostrarse amigo» (Prov. 18:24, RVR1960). Si queremos ser buenas amigas, tenemos que comportarnos como tal. Muchas veces esperamos tener amigos extraordinarios. Pero no estamos dispuestas a hacer lo mismo. Lo que esperamos de las demás, tenemos que darlo nosotras. ¿Recuerdas la regla de oro? Aquí se aplica también.

Consejo número 2: No seas partícipe de los chismes. Proverbios 16:28 dice: «… el chismoso separa a los mejores amigos». Esto lo he experimentado en carne propia, y aprendí la lección. Cuando tenemos problemas con una amiga, no corras a contárselo a otra. Seamos valientes y sinceras. El mismo Jesús nos dio el modelo: los problemas se tratan primero de tú a tú. Es más fácil «ventilar» con otros, pero el daño es grande. Comienza por contárselo a Dios y pídele sabiduría para conversar con tu amiga y expresarle en amor lo que está sucediendo.

Consejo número 3: Perdona y pide perdón. «Cuando se perdona una falta, el amor florece, pero mantenerla presente separa a los amigos íntimos» (17:9, NTV). No hay relación de amistad exitosa si no la cubrimos de perdón, ya que el pecado en nuestro corazón hace que en algún momento digamos algo fuera de lugar, o que nos pongamos celosas. Quizá simplemente olvidamos una fecha importante. De la misma manera, en algún momento alguien dirá algo fuera de lugar, se olvidará de nuestro cumpleaños u otra fecha significativa, o actuará con celos. Necesitamos pedir perdón y ofrecerlo. Eso es clave para preservar toda buena relación. Y, sobre todo, eso es lo que Dios hace con nosotras y lo que nos manda a hacer con los demás.

Consejo número 4: Sé leal. «En todo tiempo ama el amigo…» (17:17), es decir independientemente de las circunstancias. Otra versión lo tradujo así: «Un amigo es siempre leal…» (NTV). La lealtad en la amistad es lo que permite que dure con el paso de los años. Ser leal es mostrar fidelidad. ¿Quieres mejor ejemplo que el de David y Jonatán? El príncipe puso la amistad por encima incluso de su familia por lealtad a David. ¿Por qué? Porque la lealtad reconoce que en la vida existen cosas más importantes que la posición, la riqueza, un título o la conveniencia. Proverbios 18:24 (NTV): «... el amigo verdadero se mantiene más leal que un hermano». La lealtad es una virtud casi extinguida, pero estamos llamadas a cultivarla. ¡Qué bueno saber que nuestro Dios es fiel, siempre!, y que, si nosotras fallamos en nuestra relación con Él, el Padre no nos abandona. Esto es algo a considerar también cuando se trata de la amistad en el plano humano.

Consejo número 5: Cuida la relación. «Un amigo ofendido es más difícil de recuperar que una ciudad fortificada. Las disputas separan a los amigos como un portón cerrado con rejas» (18:19, NTV). Las ofensas pueden dañar una relación gravemente. Y las discusiones pueden llevarnos a decir cosas que nunca imaginamos. Tengamos cuidado. Midamos las palabras, como ya dijimos en un capítulo anterior. Dios nos llama a ser pacificadoras. Es inevitable que surjan diferencias porque se trata de seres humanos, pecadores, con personalidades y caracteres muy distintos. Cuando las tengamos, busquemos la sabiduría de Dios para manejarlas y usémoslas como oportunidades para que la relación crezca y se fortalezca. Aquí vale recordar el consejo número 3, sobre el perdón.

¿Sabes lo que he aprendido, y que no ha sido fácil, por cierto? Para tener buenos amigos tenemos que ser vulnerables. Tenemos que dejar que esa otra persona, que ya se ha ganado nuestra confianza, pueda tener la libertad de hablarnos con toda sinceridad y saber que no vamos a cerrarle la puerta, y viceversa. Podemos quedarnos en un plano superficial, y todo será color de rosa, pero si queremos amigas de verdad, hay que arriesgarse. Las mujeres somos un poco complicadas también en este aspecto. Una verdadera amistad está libre de celos, de competencia. Una amistad a la manera de Dios es aquella en la que actuamos con toda sinceridad. Me gusta decirlo así: es una relación en la que puedo ser yo misma sin temor a rechazo o a cómo la persona tomará cada palabra o acto de mi parte; y viceversa.

Consejo número 6: Escucha los consejos. Proverbios 27:9 (NTV): «... el dulce consejo de un amigo es mejor que la confianza propia». Una amiga verdadera, que también ame a Dios, te dará buenos consejos. Quizá no siempre sean lo que quisieras escuchar, pero presta atención. Sus consejos serán dichos por amor y obediencia a Dios. No te ofendas. Escucha y sé sabia. Recuerda lo que mencionamos en el capítulo sobre la mujer que escucha. Y cuando te corresponda, sé tú quien brinde consejos. Ahora bien, demos consejos «dulces»; es decir, una verdad expresada con amor.

Consejo número 7: Dedica tiempo a tus amigos. «El hierro se afila con el hierro, y el hombre en el trato con el hombre» (27:17, NTV). Necesitamos de nuestras amigas y amigos. El trato con ellos nos hace mejores; nos ayuda a crecer, a enmendar los errores, a mirar las cosas desde otro ángulo. Pero eso solo ocurre cuando dedicamos tiempo a la amistad. En esta época de tanta tecnología tenemos amigos «virtuales» del otro lado del mundo. Sin embargo, la amistad cara a cara sigue siendo necesaria y vital. Es imposible tener a nivel virtual el mismo tipo de relación que experimentamos cuando existe el roce y la interacción en persona. Así que, para tener buenas amigas y ser buenas amigas, se requiere intencionalidad. De eso también escribí en mi blog hace un tiempo. Te lo comparto.

«Dice la Real Academia Española que intencional es sinónimo de deliberado, algo que se hace a propósito. Y quizá te preguntes qué tiene que ver todo eso con la amistad. ¡Mucho!

Hace un tiempo he descubierto que dada la naturaleza de los tiempos en los que vivimos: largas distancias, muchas ocupaciones y responsabilidades, sin querer las amistades se descuidan o quedan completamente abandonadas. Incluso he escuchado a algunos decir que "no hay tiempo para eso".

Es ahí donde entra la palabra intencional. Las amistades, si queremos que sean profundas y de calidad, necesitan que les dediquemos tiempo; que a propósito busquemos el espacio para compartir y conectarnos a un nivel más allá del mensaje de texto o la llamada telefónica ocasional.

Tengo una amiga que me ha enseñado mucho al respecto. Quizá porque es life coach (mentora personal) o porque simplemente le apasiona todo lo relacionado con cultivar amistades. Vivimos a 42 millas de distancia (67 kilómetros). ¡Eso es muchísimo! Y si añadimos el factor tráfico, entonces la distancia pudiera parecer más larga. De hecho, con un tráfico normal nos toma 50 minutos recorrerla. Sin embargo, eso no ha sido obstáculo para cultivar nuestra amistad. Cada mes hacemos tiempo para reunirnos, aunque sea una vez, y salimos juntas a cenar. Esas dos, tres horas son una bendición. Y sé que hablo por las dos.

Ahora bien, no solo somos intencionales en hacer tiempo para vernos, también lo somos en apoyarnos, en preguntarnos cómo puedo orar por ti, qué proyectos tienes para esta semana. Ella es una de esas amigas que me acerca a Dios y me ayuda a crecer. Es mi compañera de oración.

Con los años también he descubierto que quizá no vamos a tener muchas amigas así, pero si queremos algunas, o si ya las tenemos, es necesario ser intencionales y cuidar la relación».

Quiero proponerte algo, busca invertir en tus amigas cada semana, aunque sea unos pocos minutos de tu tiempo, no importa si están lejos o cerca. Recuerda que hemos sido llamadas a consolar, a animar, a exhortar, a llorar con los que lloran y alegrarnos con los que se alegran. Una llamada telefónica, un mensaje de texto, un correo electrónico, una cita para tomarse juntas un café. Con esto estarás diciendo: valoro nuestra amistad y me interesa cultivarla.

 SÉ SELECTIVA

El segundo aspecto que debemos considerar cuando se trata de las amistades es escogerlas bien, tal y como mencioné al principio. Muchas veces nos apresuramos a concederle el título de amiga a una compañera de escuela o de trabajo a quien conocemos solo en ese contexto. Tener amigos verdaderos toma tiempo, años. Las amistades reales se forjan al vivir experiencias, pasar juntos momentos buenos y malos, tener altos y bajos.

Si estamos en Cristo, es crucial que entendamos esta verdad: puedes tener muchas amistades, pero tus amigas del alma tienen que ser hijas de tu mismo Padre. ¿Por qué soy tan categórica? Porque 2 Corintios 6:14-15 aplica a todo, no solo al matrimonio, que es la interpretación más común. «No estéis unidos en yugo desigual con los incrédulos, pues ¿qué asociación tienen la justicia y la iniquidad? ¿O qué comunión la luz con las tinieblas? ... ¿O qué tiene en común un creyente con un incrédulo?».

Déjame aclarar algo. ¿Estoy diciendo que no puedes tener amistades que no sean cristianas? ¡Claro que no! Pero una amiga, alguien a quien puedas acudir a contarle tus luchas, dudas, problemas, tiene que ser alguien que pueda darte un consejo de la Palabra de Dios, que pueda orar contigo, que te anime cuando tu fe flaquee, que te inspire. ¿Me comprendes? Tenemos un llamado a predicar el evangelio, pero eso es una cosa y otra muy diferente cuando se trata de nuestras relaciones más íntimas. Mira el modelo de Jesús y entenderás lo que digo.

¿Quiere eso decir que tus amigas cristianas serán perfectas? ¡Por supuesto que no! Tú y yo tampoco lo somos. Tendremos muchas oportunidades para crecer, para mostrarnos unas a otras amor y perdón, y juntas aprender a ser mujeres sabias, conformes al corazón de Dios.

Me gustaría añadir algo más, para ti que quizá estás leyendo esto y te sientes sola, o que anhelas una amiga como la que hemos descrito en este capítulo. Tal vez cargas con heridas del pasado, de amigas que te dañaron. Primero, preséntale tu dolor al Señor y pídele que sane tus heridas. Y si no lo has hecho, perdona. Verás qué libre te sientes. Segundo, pídele una amiga a Dios. Él es tu Padre celestial que sabe todo lo que necesitas y te dice que puedes pedirle cualquier cosa. Y claro, haz tu parte. Busca acercarte a las hermanas de tu congregación, tal vez puedas incorporarte a un grupo pequeño donde las relaciones se hacen más estrechas. Estoy segura de que poco a poco irás descubriendo que sí es posible tener una buena amiga.

Para concluir, recordemos lo que mencionamos al comienzo de este capítulo. La vida del llanero solitario es solo para películas. Dios nos creó para vivir en comunidad, para compartir nuestras vidas con otras personas. Fue así desde el principio. De modo que seamos sabias en esta esfera de nuestra vida, decidamos ser una amiga excelente y escoger bien nuestras amigas.

Oración: *Señor, gracias porque tú eres el amigo perfecto a quien siempre puedo acudir, pero gracias también por los amigos terrenales que me has regalado. Son una bendición para mi vida. Padre, enséñame a ser la clase de amiga sabia que refleje a Jesús en su trato. Perdóname cuando espero mucho de mis amigas, cuando olvido que, al igual que yo, necesitan de la gracia. Quiero ser una amiga leal, ayúdame. Y ayúdame también a escoger mis amigas con sabiduría. Gracias porque tu Palabra nos muestra cómo vivir la verdadera amistad. En el nombre de Jesús, amén.*

PARA PROFUNDIZAR

1. Lee 1 Samuel 18:1-4 y el capítulo 19. ¿Qué caracterizó a la amistad entre David y Jonatán? Piensa ahora en tu mejor amiga. ¿Eres así con ella? ¿Qué puedes hacer para que la amistad entre ustedes sea mejor todavía?

_____

_____

_____

2. Lee Proverbios 22:24.
¿Qué dice sobre los amigos que debemos escoger?

_____

_____

3. ¿Tienes buenas amigas? ¿Una amiga especial? No dejes que pase un día más sin expresarle lo mucho que significa para ti. Escríbele una nota, mándale una tarjeta, invítala a un café.

_____

_____

_____

4. ¿Dedicas tiempo a tus amigas o, aunque las quieres, estás demasiado ocupada? ¿Qué pudieras hacer para compartir con ellas, al menos una vez por mes? Sé intencional en esto y verás cuánto bien produce en ti y en ellas.

_____

_____

_____

UNA MUJER BELLA DE VERDAD

Está vestida de… dignidad.
Proverbios 31:25, NTV

Recuerdo un par de zapatos de tacones que mi mamá me regaló para jugar. Eran de gamuza negra y tenían piedritas doradas. No sé cómo, pero yo lograba manejarlos y me los ponía para pretender que ya era una mujer adulta. Como tenía el cabello corto, me envolvía la cabeza en una toalla con la idea de una larga cabellera. Recuerdo también mi fascinación por la gaveta donde mi mamá guardaba su maquillaje y sus accesorios. Siempre que tenía la oportunidad me ponía a revisarla. Y de vez en cuando le preguntaba: «¿Ya no quieres este creyón?». La pregunta en realidad era: «¿Me lo regalas para jugar?». Y ahí me disponía yo a maquillarme. También tenía algunos vestidos que mi mamá me prestaba para disfrazarme. Le añadía algunos accesorios y quedaba lista para dar alas a la imaginación y ser una cantante, una mamá o cualquier otra cosa.

Desde niñas nos atrae todo lo relativo a la moda. Son muy pocas las mujeres que no se interesan en este tema. Por eso no podemos pasarlo por alto en este libro, porque la sabiduría incluso debe caracterizarnos cuando nos paremos frente al espejo o al armario.

Hablemos entonces un poco de maquillaje, vestuario, perfumes… los de afuera y los de adentro.

Yo tengo un espejo de esos que se ponen en los baños que tienen mucho aumento por un lado. Lo guardé en su caja por mucho tiempo. No me gustaba mirarme en ese espejo porque cuando la luz y su aumento se combinan, el resultado es demasiado real para mí. Con ese espejo puedo ver todas las imperfecciones que tengo en la cara, desde las pecas que son resultado del sol y los años, hasta las líneas finas que ya empiezan a dibujarse aquí y allá.

La realidad es que, aunque me mire en el espejo de aumento o no, las huellas de los años aparecerán, y están apareciendo, indefectiblemente. Podemos ponernos las mejores cremas, extremar precauciones, e incluso usar técnicas más sofisticadas como el láser, de todos modos, el tiempo pasa y con él nosotros.

Si ya no tienes veintitantos años, puedes entender que si hay algo efímero es nuestra belleza. El mundo que nos rodea nos vende constantemente un ideal engañoso de belleza y juventud. Digo engañoso porque siempre se nos olvida que antes de que esas fotos se publiquen, o se filmen los programas de televisión y las películas, todo un equipo de maquillistas y artistas gráficos se encargan de crear una imagen aparentemente perfecta, pero irreal.

Sin embargo, la Palabra de Dios nos enseña algo totalmente contrario en cuanto al tema del envejecimiento. «Por tanto no desfallecemos, antes bien, aunque nuestro hombre exterior va decayendo, sin embargo nuestro hombre interior se renueva de día en día» (2 Cor. 4:16). Esa es la realidad innegable: por fuera nos vamos desgastando, pero ¡qué maravilla que por dentro nos vamos renovando día tras día! ¿Cómo es posible? Porque nuestro cuerpo es apenas un envase para algo mucho más valioso, nuestra alma y nuestro espíritu. Este envase nuestro está sujeto a las limitaciones del mundo caído en que vivimos, pero nuestro ser espiritual no lo está. El cuerpo físico envejece, se cansa, y deja de ser; pero nuestro espíritu, a lo que Pablo llama el hombre interior, se va renovando porque la fuente de su eterna juventud está en Dios. Y al final, como dice el Libro de Eclesiastés: «… volverá a Dios que lo dio» (12:7).

Un conocido cantautor de mi país popularizó una canción hace muchos años; empezaba así: «El tiempo pasa y nos vamos poniendo viejos...». Envejecer en realidad es un privilegio de algunos, porque la verdad es que no sabemos cuánto tiempo vamos a vivir. Cuando tenía 20 años los 40 parecían tan lejos, ¡y tan viejos! Con el tiempo la perspectiva fue cambiando, sobre todo a medida que los 40 comienzan a acercarse, ¡y entonces ya no nos parecen tan viejos! ¿No es cierto? Y sí, en realidad envejecer es un privilegio, pero la otra cara de la moneda es que no nos gusta porque envejecer trae consigo desgaste, cansancio, enfermedad, no poder hacer todo igual que antes, no lucir igual que antes, etc.

Me viene a la mente este versículo, también de Eclesiastés: «Él ha hecho todo apropiado a su tiempo. También ha puesto la eternidad en sus corazones; sin embargo, el hombre no descubre la obra que Dios ha hecho desde el principio hasta el fin» (3:11). ¡Por eso no nos gusta la vejez! Dios sembró eternidad en nuestro corazón. Queremos vivir para siempre, ser jóvenes siempre. Ese fue el plan del principio... hasta que el pecado entró y con él el envejecimiento y la muerte. ¿Lo entiendes? Es normal que no nos guste envejecer. Para mí es un gran alivio comprenderlo porque no tengo que luchar más con la idea de que está mal que no me guste.

Ahora bien, vuelve a leer el versículo y mira lo que dice al principio: «[Dios] ha hecho todo apropiado a su tiempo». ¡Aun para el tiempo de la vejez Dios hizo algo hermoso! Sí, porque todo es todo, incluyendo la vejez. Y si me detengo a pensarlo, en muchos de los ancianos que conozco hay algo bello: sabiduría, paciencia, disfrutar cada momento como si fuera el último, no preocuparse por lo que no vale la pena. Esos son tesoros que muchas veces solo alcanzamos a encontrar con los años. ¡Y además tenemos la bendición de compartirlos con otros! Definitivamente como dice el versículo de Eclesiastés, no podemos comprender el alcance de lo que Dios ha hecho con nuestra existencia humana, pero sin dudas es algo hermoso.

Como tú, no sé cuál será el número de años que el Señor tiene designado para mi paso por la Tierra, pero pensándolo bien, prefiero envejecer para así poder disfrutar lo hermoso que Él tenga para cada momento que me regale. Por supuesto que trataré de llegar lo mejor posible a esos años dorados, aunque no creo que el Botox o la cirugía formen parte de mi plan (¡ambos me asustan!). Quiero llegar para así también disfrutar de los tesoros que vienen con los años, sobre todo si hemos vivido la vida en el camino de la justicia, porque entonces la vejez es «una corona de honra» (Prov. 16:31, RVR1960). Lo mejor de todo es saber que esa eternidad que Él puso en mi corazón se hará realidad un día cuando podremos disfrutarla a plenitud, sin vejez, sin arrugas, sin cansancio. Y el tiempo ya no pasará más, como dice la canción.

He visitado el lugar donde supuestamente está la fuente de la juventud que Ponce de León andaba buscando y a la que debemos el descubrimiento de la Florida. Muchos han bebido de sus aguas, pero igual envejecen. Sin embargo, el que bebe del agua viva, Jesús, nunca más tendrá sed y disfrutará de una juventud eterna.

Mi querida amiga, lo cierto es que, con espejo o sin espejo, los años van a pasar. De hecho, llegará un momento en que es muy probable que para mirarme necesite sacar de su caja el espejo que te conté porque me faltará la vista, pero como también dijera Pablo: «… no nos fijamos en lo visible, sino en lo invisible, ya que lo visible es pasajero, mientras que lo que no se ve es eterno» (2 Cor. 4:18, NVI).

En esta semana, cuando nos miremos al espejo y pensemos en los años, recordemos que nuestro buen Dios lo hizo todo hermoso para el momento apropiado. Aprendamos a darle gracias por los años que tenemos, por el tiempo que nos permite disfrutar. A medida que pasen los días, los meses y los años, estaremos más cerca de disfrutar de una juventud eterna, ¡y allí ya no necesitaremos espejos!

 ## EL BUEN VESTIR

Lamentablemente la cultura postmoderna en la que vivimos nos presenta un concepto de moda y belleza que dista mucho de ser lo que caracteriza a la mujer sabia. No tengo nada en contra del buen vestir, me gusta y, como a toda mujer, me interesa lucir bien. Creo que debemos cuidar de nuestra apariencia siempre. Sin embargo, hay una verdad que no vas a encontrar en ninguna de las revistas dedicadas al tema de la moda, la ropa y la belleza femenina. Y esa verdad es esta: la mujer sabia, partiendo de que es una mujer que ama a Dios y tiene una relación personal con Él, se viste para darle honor y no para hacer voltear los ojos de quienes la vean pasar.

La palabra hebrea para «dignidad», en el versículo del principio, es un término que se translitera como *jadár* y quiere decir: esplendor, majestad, gloria, honor. Es curioso que la misma palabra se usa en otros pasajes con un significado todavía más elevado: glorificar a Dios. ¿Te das cuenta? La mujer virtuosa, la mujer sabia, se viste con honor y para dar honor, para glorificar a Dios.

Sin embargo, la sensualidad está permeando cada centímetro del mundo que nos rodea. Basta con mirar cinco minutos cualquier revista mientras estamos en la fila para pagar en el supermercado, o simplemente hojear una circular de tu tienda favorita. Todas gritan a coro: «¡Tienes que lucir sexi!», pero esa no puede ser la meta de la mujer sabia. La mujer sabia quiere vivir honrando a Dios.

Dejemos claro que no es cuestión de vestirse con un siglo de atraso, sino de elegir ropa que me haga lucir bien, con la que me sienta cómoda y bonita, pero con honor, con dignidad, con pureza, sin el deseo de hacer arder corazones ajenos, ni de provocar sentimientos que no den gloria a Dios.

A veces no nos percatamos de que en la iglesia, por ejemplo, los hombres que nos rodean son nuestros hermanos en Cristo. Tú y yo no debemos ser piedra de tropiezo para ellos. Dios les hizo de manera diferente y el sentido de la vista activa su sexualidad. No son pervertidos. Son hombres. Tenemos que ser cuidadosas. Jesús dijo: «Pero yo os digo que todo el que mire a una mujer para codiciarla ya cometió adulterio con ella en su corazón» (Mat. 5:28). No contribuyamos a un pecado así. Tenemos que hacer nuestra parte porque al y fin y al cabo, es a Dios a quien rendiremos cuentas. Y, por supuesto, esto aplica no solo cuando estamos en la iglesia, sino en sentido general.

Esta verdad la entendí con los años. Me costaba procesarla cuando era joven. Pero ahora que la entiendo quisiera poder grabarla en las mentes de todas las jóvenes que conozco. ¿Quieres una ayuda para entenderlo y saber si estás siendo sabia en este aspecto? Cada día, cuando nos paremos frente al espejo, seamos honestas y hagámonos estas preguntas: cuando escojo una ropa, ¿qué tengo en mente? ¿Agradar a Dios, dar honor a Su nombre (y al de mi esposo) o llamar la atención de los ojos masculinos que me miren hoy? Es así de sencillo.

El viejo adagio repite «el hábito no hace al monje», es decir, que lo que llevamos por fuera no cambia quién somos por dentro, pero sí dice mucho de los valores que tenemos, a quién representamos. Tú y yo hemos sido llamadas a marcar la diferencia. Somos una contracultura, y esa tarea no es fácil, pero cuando Jesucristo nos llamó nunca dijo que seguirle sería fácil.

Fíjate que no es cuestión de andar feas y despeinadas, de hecho, nuestra mujer modelo en Proverbios 31 tenía muy buen gusto para vestir: «...su ropa es de lino fino y de púrpura» (v. 22). El asunto es buscar sabiduría incluso a la hora de pararnos frente al clóset o el armario y decidir cómo nos vamos a vestir cada día. Imagina por un segundo que Jesús estuviera junto a ti, ¿qué ropa escogerías?

Me gustaría incluir una nota para quienes tenemos hijas.

Hace un tiempo vi una foto que mostraba a una niña muy linda, pero el maquillaje y el vestuario le robaban la belleza de la niñez y evocaban la imagen de una mujer en un cuerpo de menos de 10 años. Seguro has visto muchas fotos así en revistas, en las redes, en las tiendas, en la televisión... ¡incluso lo vemos reflejado en las muñecas!

¿Por qué queremos que nuestras hijas pequeñas parezcan mujeres en miniatura? Mi mamá tenía una frase que para mí se hizo célebre, y cuando la usaba durante mi niñez y juventud no me gustaba mucho, pero ahora la entiendo, ¡y muy bien! Ella me decía: «En la vida no se pueden quemar las etapas». ¿Qué me quería decir? Lo mismo que dijo el autor de Eclesiastés, solo que en su propia versión: «Hay un tiempo señalado para todo, y hay un tiempo para cada suceso bajo el cielo» (3:1).

Cuando quemamos las etapas, estamos desafiando el proceso de la madurez, y aunque es cierto que las niñas maduran mucho más rápido que los varones, eso no quiere decir que no deban vivir lo que corresponde a cada momento.

Estoy convencida de que parte de la agenda del maligno para esta generación es justo eso, que se quemen las etapas, porque cuando con 12 o 13 años hacemos lo que correspondería 10 años después, desde luego que el comportamiento no será para nada acertado ni maduro. ¡Mucho menos responsable!

Creo que es nuestra obligación como madres educar a nuestras hijas en el modelo bíblico de la mujer, y eso implica dejarles ser niñas, vestirlas como niñas. ¿Por qué quieres que tu hija atraiga la atención masculina cuando su mente está muy lejos de poder procesar todo lo que eso implica? Quizá no es la intención de ninguna madre, pero sin querer dejamos que la cultura decida la manera en la que criamos a nuestra familia.

En el mundo caído en que vivimos el mal predomina y no podemos ignorarlo. Mamá, no expongas a tu hija. No publiques fotos provocativas, ni que muestren lo que en realidad tú quisieras que ella conservara solo para el hombre con el que un día se casará.

Sé que estas palabras pueden sonar anticuadas, e incluso alguien pudiera catalogarlas de «legalistas» (mal uso del término, por cierto), pero nuestra meta no es agradar a la gente, sino a Dios. Si no enseñamos la pureza a nuestros hijos desde que son niños (y que quede claro que la pureza para Dios aplica tanto a mujeres como a hombres), no podemos esperar que de pronto, en la adolescencia, empiecen a comportarse de una manera diferente.

Madres, tenemos que enseñar a nuestras hijas a ser damas, a actuar con honor, a vestir con honor. Criemos hijas que entiendan que son un reflejo de su Creador, con un valor demasiado alto como para tirarlo al suelo y arrastrarlo solo por ser parte del grupo o disfrutar un momento que pudiera muy bien cambiar sus vidas para siempre... y de manera muy triste.

La presión del grupo es grande, no se puede negar; pero nuestros hijos estarán mucho más preparados para enfrentarla si en el hogar hemos inculcado los valores, si les hemos mostrado el porqué de lo que creemos y, sobre todo, si nos ven vivir de acuerdo con ello. No podemos aspirar a tener hijas que reflejen la pureza en el vestir si eso no es lo que han visto en sus mamás. ¡Dios nos ayude a ser sabias en esto también!

 ## LA OTRA BELLEZA

El problema con el vestuario es muy antiguo, por supuesto, porque es intrínseco a la mujer. Fíjate si es así, que mira lo que escribió el apóstol Pedro en una de sus cartas, allá por el primer siglo:

«Y que vuestro adorno no sea externo: peinados ostentosos, joyas de oro o vestidos lujosos, sino que sea el yo interno, con el adorno incorruptible de un espíritu tierno y sereno, lo cual es precioso delante de Dios» (1 Ped. 3:3-4).

Dicho de otra manera, no vivan enfocadas en cómo lucen por fuera, hay algo mucho más importante cuando se habla de belleza. Una belleza que no va por fuera, la interior. ¿Qué es la belleza interior? Nuestro carácter, aquello que nos identifica y en lo que Dios más se interesa pues, como ya vimos, la de afuera poco a poco se terminará. La belleza interior es como los accesorios, aquello que usamos y que da el complemento perfecto a nuestro *look*.

Nuestra meta tiene que ser reflejar el carácter de Cristo. Realmente es más difícil vestirse bien por dentro que por fuera. Pero, así como nos esforzamos por escoger un lindo atuendo, tenemos que hacerlo al escoger los accesorios, las actitudes que nos van a caracterizar. ¿Sabes algo? La belleza cuesta. Muchas veces le repito a mi hija la frase que una amiga solía decir cuando de belleza se trataba: «Para lucir hay que sufrir». ¡Tenía razón! Cuesta tiempo en el gimnasio o en el salón, cuesta sacrificio al medir lo que comemos ¡y hasta nos cuesta soportar los zapatos altos con tal de vernos elegantes! ¿Estamos de acuerdo?

Bueno, tener un carácter bello, que dé honor al Creador y Señor de nuestra vida, también nos cuesta. Cuesta tiempo, porque a menos que nos propongamos usar parte del nuestro para conocerle, escucharle y aprender de Su Palabra, como ya hemos mencionado antes, nuestra relación con Él se irá deteriorando. Amiga lectora, muchas cosas compiten por nuestro tiempo y atención. Ya hablamos de las prioridades y de cómo siempre hacemos tiempo para lo que consideramos importante. Así que la belleza de carácter, al igual que el gimnasio, necesita tener espacio en nuestra agenda.

Ser bellas por dentro también cuesta perseverancia. Todos los atletas están familiarizados con esto. Si les preguntáramos, nos dirían que no siempre tienen ganas de entrenar, que a veces quisieran hacer algo diferente. Y si pierden una competencia, seguro que en algún momento u otro han pensado en renunciar. Sin embargo, los verdaderos campeones perseveran. Lo mismo sucede con nuestra vida espiritual, requiere que perseveremos. En Hebreos 12:1 se nos dice que «corramos con paciencia la carrera que tenemos por delante». Para seguir con la analogía de los deportes, digámoslo de esta manera: la vida cristiana no es una carrera de velocidad, es una carrera de resistencia, de perseverancia. Si quieres ser linda por dentro, tienes que perseverar. La transformación de Dios en nuestras vidas es un proceso, muchas veces hay que empezar de nuevo, pero no nos podemos cansar. Nuestro carácter tiene que vestirse de dignidad, dar honor a nuestro Dueño, y todo eso toma tiempo.

¿QUÉ ME PONGO HOY?

Como trabajo desde mi casa, no tengo que preocuparme mucho por la ropa que voy a ponerme cada día, a menos que tenga una cita o un evento al que deba asistir. Sí, realmente es una bendición. Pero sé que en muchos casos no es así. Muchas mujeres se levantan por la mañana y tienen que escoger ropa para ir a trabajar. Ropa que esté acorde al código que exige su empleador o su negocio. De cualquier manera, ya sea que nos quedemos en casa o que salgamos a trabajar, siempre tenemos que escoger algo para vestirnos.

Quizá cada mañana te paras frente a tu clóset o armario, y te haces la proverbial pregunta: «¿Qué me pongo hoy?», a la cual seguro respondes con la también consabida respuesta: «No tengo nada que ponerme» (independientemente de cuánta ropa haya en ese clóset o armario, ¡pero eso es tema para otro día!). Sin embargo, quiero que pienses en esa pregunta de una manera diferente: «¿Cómo voy a vestir hoy mi corazón?».

Tal vez no nos damos cuenta, y lo hacemos de manera automática o subconsciente, pero cada día nosotras vestimos nuestro corazón y nuestra mente. A veces de una manera linda y fresca, otras con ropa vieja y ajada o fea. ¿Y cuál será la mejor vestimenta en este caso?, ¿cuál es el código con el que tenemos que cumplir?

Una mujer puede ser muy bella por fuera, pero si su carácter no es bello, de poco le vale. Por eso Pedro dijo en su carta que nos enfoquemos más en la belleza que va por dentro, en los accesorios del corazón.

Cuando los años pasen y ya no quede ni sombra de lo que fuimos en la juventud, nuestro carácter será toda la belleza que podremos atesorar. Busquemos un carácter que sea sereno, tanto así que nuestra casa transpire la paz. Busquemos un espíritu apacible, que sea lento para pelear, para protestar. No hay nada más lindo que una ancianita sonriente que siempre tiene una palabra de ánimo en los labios. Mira si es así que todo el mundo huye de las que habitualmente se quejan y hablan de sus malestares; en cambio, buscamos a las sonrientes que con amor nos cuentan sus experiencias y nos regalan su sabiduría.

Cada día tú y yo escogemos cómo vestir nuestro corazón, ¿cuáles serán los accesorios? ¿Qué actitudes, qué pensamientos, qué palabras? Me pareció que en lugar de darte yo las respuestas, sería muchísimo mejor dejar que nos hable la Palabra de Dios y usar lo que ella diga a manera de oración. Aquí tenemos algunos pasajes que nos ayudarán a escoger el mejor ajuar para nuestro corazón y nuestra mente, no solo hoy, sino cada día de nuestra vida. Las palabras en negritas las añadí para dar énfasis.

«Todos ustedes son hijos de Dios mediante la fe en Cristo Jesús, porque todos los que han sido bautizados en Cristo **se han revestido** *de Cristo»* (Gál. 3:26-27, NVI).

«Entonces, como escogidos de Dios, santos y amados, **revestíos** *de tierna compasión, bondad, humildad, mansedumbre y paciencia... Y sobre todas estas cosas,* **vestíos de amor***, que es el vínculo de la unidad»* (Col. 3:12,14).

«... y **vestíos del nuevo hombre***, creado según Dios en la justicia y santidad de la verdad»* (Ef. 4:24, RVR1960).

«... **revístanse ustedes del Señor Jesucristo***, y no se preocupen por satisfacer los deseos de la naturaleza pecaminosa»* (Rom. 13:14, NVI).

«Asimismo, que las mujeres **se vistan** *con ropa decorosa, con pudor y modestia, no con peinado ostentoso, no con oro, o perlas, o vestidos costosos; sino con buenas obras, como corresponde a las mujeres que profesan la piedad»* (1 Tim. 2:9-10).

*«***Revestíos** *con toda la armadura de Dios para que podáis estar firmes contra las insidias del diablo»* (Ef. 6:11).

Y por supuesto, cuando ya estamos maquilladas, vestidas y con los accesorios y zapatos puestos, solo nos queda una cosa: el perfume.

¿CUÁL ES TU FRAGANCIA?

En mi cocina tengo un jabón líquido para lavarme las manos que me regaló una amiga en Navidad. La fragancia de este jabón se llama limón azucarado. Huele delicioso. Hasta mi hijo lo dice cuando se lava las manos.

Hace unos días me lavé las manos con ese jabón y no pude evitar olerlas y embriagarme de su olor. Inmediatamente un pensamiento cruzó por mi mente: *¿Cuál es tu fragancia?* Estaba pensando en la fragancia que dejamos en las mentes de las personas, en los lugares que visitamos, en las vidas con las que tenemos contacto.

Cada persona tiene una fragancia que es su sello. Yo tengo dos perfumes que uso hace un tiempo ya, ambos tienen aromas cítricos. Me gustan porque huelen a limpio, a algo fresco y primaveral. En tema de perfumería, ese sería mi sello. Pero, ¿y qué de mi otra fragancia, la menos tangible? Por mi mente pasaron situaciones en las que hubiera querido dejar una mejor fragancia, un olor que al recordarlo trajera memorias gratas y no tristes y dolorosas. Momentos en los que hubiera querido que sucediera lo que me pasa cada vez que lavo mis manos con el limón azucarado de mi cocina.

Dejar una estela fragante no es fácil, a veces implica sacrificio, negar el yo, cerrar la boca, caminar la milla extra. Es un acto de la voluntad y no del corazón. Pero, ¡qué agradable es el resultado! Saber que cuando alguien nos recuerde, nuestro recuerdo estará envuelto en una fragancia encantadora.

Dice Proverbios 27:9: «El ungüento y el perfume alegran el corazón…». ¿Será que alegramos con nuestra presencia o provocamos todo lo contrario? ¿Destila un olor fragante nuestra vida? Y claro que no me refiero a un olor literal, aunque si es así, ¡qué bueno! Me refiero al olor que no se puede percibir con la nariz, pero sí con el corazón. ¿Hay aroma delicioso en nuestro actuar, en nuestro trato a los demás?

En las culturas orientales los aromas son de mucho valor. Si lo analizas, a lo largo de toda la Escritura encontramos referencias a olores y fragancias. Se nos cuenta que entre los tesoros de los reyes había aceites aromáticos. Cuando se hablaba de regalos costosos y muy preciados, ahí estaban nuevamente los perfumes y aceites aromáticos. En la ley se ordenaba quemar incienso perfumado sobre el altar. Y luego, en el Nuevo Testamento encontramos esta frase: «Pero gracias a Dios, que en Cristo siempre nos lleva en triunfo, y que "por medio de nosotros manifiesta en todo lugar la fragancia de su conocimiento"» (2 Cor. 2:14). ¡Qué grandioso! El Señor, por medio de nosotros, manifiesta la fragancia de Cristo. Y dice todavía más, mira el versículo que sigue: «Porque fragante aroma de Cristo somos para Dios entre los que se salvan y entre los que se pierden» (v. 15). A pesar de las veces en que la fragancia que hemos dejado no ha sido agradable, nuestro perfume sube hasta Él transformado por el aroma del perdón, la gracia y la misericordia, ¡y Dios se agrada!

Muchas veces pagamos un alto precio por cierto perfume, que un día se acabará. Las palabras de Eclesiastés son aleccionadoras: «Vale más el buen nombre que el buen perfume» (7:1, NVI). ¿Por qué no nos proponemos esta semana dejar donde quiera vayamos una fragancia agradable, duradera, que no desaparezca? ¿Cuál será nuestra fragancia?

Mujer, llegar a ser sabia abarca cada aspecto de nuestra vida, incluso la belleza. Seamos mujeres que viven agradecidas por sus años, enfocadas en embellecer su carácter, que visten con honor y para dar honor a Dios, y que buscan dejar por dondequiera que pasen un aroma que evoque a Cristo.

Oración: *Señor, ayúdame a escoger cada mañana el mejor vestido. Ese que tú enseñas en tu Palabra, hecho de bondad, compasión, humildad, paciencia y amor. Que me esmere por vestirme y maquillarme con la belleza interior que no se desvanece ni envejece. Padre, quiero dejar un olor fragante por dondequiera que pase, ¡ayúdame para que sea el aroma de Cristo! Que mi vestuario siempre te honre a ti. Perdóname si he tenido otro motivo. Quiero enfocarme en la verdadera belleza, la que solo tú puedes dar. Te lo pido en el nombre de Jesús, amén.*

PARA PROFUNDIZAR

1. ¿Te da temor envejecer? ¿Por qué?
Lee Salmos 92:12-14 y cobra ánimo.

2. Según Colosenses 3:10-15. ¿Cuál es el nuevo
vestuario que debemos llevar ahora que conocemos
a Cristo y queremos ser mujeres sabias?
Anota todos los rasgos que encuentres en el pasaje.

3. En 1 Corintios 10:23 dice: «"Todo está permitido", pero no
todo es provechoso. "Todo está permitido", pero no todo es
constructivo» (NVI). ¿Cómo pudieras aplicar este pasaje cuando
se trate del vestuario, ya sea el externo o el interno?

4. ¿Cómo termina Proverbios 31?
¿Cuál debe ser realmente la meta de nuestra belleza?

CONCLUSIÓN

Llegamos al final de este libro y espero que hayas comprendido que ser una mujer sabia no es misión imposible. Ahora bien, tampoco es algo que se logre de un día para otro. Será una tarea de todos los días, pero ya sabemos que Dios ha prometido darnos sabiduría, si se lo pedimos; y también nos ha ordenado que pongamos en práctica lo que aprendamos de Su Palabra. De modo que en gran medida depende de nosotros y de nuestra disposición.

Tendremos días en que seremos más sabias que otros. Es parte del proceso, somos una obra en construcción. No te atormentes pensando que fracasaste porque quizá no fuiste sabia al hablar, o no escuchaste, o no fuiste de bendición para tu esposo, o le fallaste a una amiga. Nunca seremos perfectas de este lado de la eternidad. ¡Para eso tenemos a Cristo! Y Su poder se perfecciona en nuestra debilidad. Cuando estas cosas sucedan, confesemos nuestro pecado, y veámoslas como una oportunidad de aprendizaje, toma notas en tu mente (e incluso en tu diario si lo tienes) y pídele a Dios que te ayude a vencer la próxima vez. El enemigo tratará de mantenerte en un estado de culpa, haciéndote creer que nunca podrás ser esa mujer sabia que anhelas, ¡no le creas! Él es mentiroso por excelencia. Nuestras culpas ya han sido pagadas y borradas. Quizá perdamos una batalla hoy o mañana, pero Cristo es nuestra victoria, ¡Él ganó la guerra contra el pecado que nos hace fracasar! Recuerda las palabras de Pablo: «... Cristo es poder de Dios y sabiduría de Dios» (1 Cor. 1:24). Y en esa verdad tenemos que vivir confiadas.

Como hemos visto en la Palabra, y especialmente en el Libro de Proverbios, encontramos un caudal de sabiduría, pero necesitamos buscarlo, aprenderlo y ponerlo en práctica. De modo que aquí no terminamos, el viaje apenas comienza.

Espero que cada uno de estos capítulos haya servido de bendición a tu vida, y que puedas regresar a ellos cuando en tu corazón sientas que la meta de la sabiduría se ha salido de tu enfoque.

Ahora, adelante, sin temor, dispuestas a vivir como Dios lo diseñó porque ¡tú y yo hemos sido llamadas a ser una mujer sabia!

«Ahora pues, hijos, escuchadme, porque bienaventurados son los que guardan mis caminos.

Escuchad la instrucción y sed sabios, y no la menospreciéis. Bienaventurado el hombre que me escucha, velando a mis puertas día a día, aguardando en los postes de mi entrada. Porque el que me halla, halla la vida, y alcanza el favor del Señor» (Prov. 8:32-35).

Quizá decidas estudiar el libro junto a otras mujeres que, como tú y yo, anhelan ser sabias y recibir el favor del Señor. Si es así, pueden usar la sección «Para profundizar» como punto de partida para el diálogo. Y, como siempre, agradezco tus opiniones y comentarios sobre este libro.

Si quieres conocer más sobre el diseño de Dios para nuestra vida, estás invitada a mi casa virtual en wendybello.com. ¡Será un placer recibirte!

RECURSOS EXTRAS

Cuando me preocupa el futuro:

«*Por tanto, no os preocupéis, diciendo: "¿Qué comeremos?" o "¿qué beberemos?" o "¿con qué nos vestiremos?" Porque los gentiles buscan ansiosamente todas estas cosas; que vuestro Padre celestial sabe que necesitáis de todas estas cosas*» (Mat. 6:31-32).

«*Esto traigo a mi corazón, por esto tengo esperanza: Que las misericordias del Señor jamás terminan, pues nunca fallan sus bondades; son nuevas cada mañana; ¡grande es tu fidelidad!*» (Lam. 3:21-23).

Cuando me siento débil ante lo que tengo que enfrentar:

«*Y Él me ha dicho: Te basta mi gracia, pues mi poder se perfecciona en la debilidad. Por tanto, muy gustosamente me gloriaré más bien en mis debilidades, para que el poder de Cristo more en mí*» (2 Cor. 12:9).

«*Porque tú eres mi roca y mi fortaleza, y por amor de tu nombre me conducirás y me guiarás*» (Sal. 31:3).

Cuando me siento sola y temerosa:

«*... yo estoy con vosotros todos los días, hasta el fin del mundo*» (Mat. 28:20).

«*No temas, porque yo estoy contigo; no te desalientes, porque yo soy tu Dios. Te fortaleceré, ciertamente te ayudaré, sí, te sostendré con la diestra de mi justicia*» *(Isa. 41:10)*.

Cuando estoy ansiosa:

«*... echando toda vuestra ansiedad sobre Él, porque Él tiene cuidado de vosotros*» *(1 Ped. 5:7)*.

«*Por nada estéis afanosos; antes bien, en todo, mediante oración y súplica con acción de gracias, sean dadas a conocer vuestras peticiones delante de Dios*» *(Fil. 4:6)*.

«*La paz os dejo, mi paz os doy; no os la doy como el mundo la da. No se turbe vuestro corazón, ni tenga miedo*» *(Juan 14:27)*.

Cuando me siento cansada:

«*El Señor es mi pastor, nada me falta; en verdes pastos me hace descansar. Junto a tranquilas aguas me conduce; me infunde nuevas fuerzas...*» *(Sal. 23:1-3a, NVI)*.

«*Él da fuerzas al fatigado, y al que no tiene fuerzas, aumenta el vigor*» *(Isa. 40:29)*.

Cuando me siento triste:

«*¿Por qué te abates, alma mía, y por qué te turbas dentro de mí? Espera en Dios, pues he de alabarle otra vez*» *(Sal. 42:11)*.

«*... pues el Cordero en medio del trono los pastoreará y los guiará a manantiales de aguas de vida, y Dios enjugará toda lágrima de sus ojos*» *(Apoc. 7:17)*.

Al comenzar el día, cuando nos planteamos todo lo que tenemos que hacer:

«*Encomienda tus obras al Señor, y tus propósitos se afianzarán*» *(Prov. 16:3)*.

«Yo te haré saber y te enseñaré el camino en que debes andar; te aconsejaré con mis ojos puestos en ti» (Sal. 32:8).

Cuando necesitamos tomar decisiones:

«Pero si alguno de vosotros se ve falto de sabiduría, que la pida a Dios, el cual da a todos abundantemente y sin reproche, y le será dada» (Sant. 1:5).

«Y esto pido en oración: que vuestro amor abunde aún más y más en conocimiento verdadero y en todo discernimiento, a fin de que escojáis lo mejor...» (Fil. 1:9-10).

PARA ORAR POR TUS HIJOS

Por su salvación:

«Por tanto, acerquémonos con confianza al trono de la gracia para que recibamos misericordia, y hallemos gracia para la ayuda oportuna» (Heb. 4:16).

«Jesús respondió: En verdad, en verdad te digo que el que no nace de agua y del Espíritu no puede entrar en el reino de Dios» (Juan 3:5).

Que amen a Dios sobre todas las cosas:

«Y esto pido en oración: que vuestro amor abunde aún más y más en conocimiento verdadero y en todo discernimiento» (Fil. 1:9).

Por su crecimiento espiritual, para que sus vidas glorifiquen a Dios:

«Por esta razón, también nosotros... no hemos cesado de orar por vosotros y de rogar que seáis llenos del conocimiento de su voluntad en toda sabiduría y comprensión espiritual, para que andéis como es

digno del Señor, agradándole en todo, dando fruto en toda buena obra y creciendo en el conocimiento de Dios» (Col. 1:9-10).

Que amen la Palabra de Dios:

«…Mi alma guarda tus testimonios, y en gran manera los amo» (Sal. 119:167).

Que el plan y el propósito de Dios se cumplan en sus vidas:

«El Señor cumplirá su propósito en mí; eterna, oh Señor, es tu misericordia; no abandones las obras de tus manos» (Sal. 138:8).

Que sean sabios, con la sabiduría de Dios:

«Porque el Señor da sabiduría, de su boca vienen el conocimiento y la inteligencia» (Prov. 2:6).

«Pidiendo que el Dios de nuestro Señor Jesucristo, el Padre de gloria, os dé espíritu de sabiduría…» (Ef. 1:17).

Que vivan su juventud para Cristo y sean un buen ejemplo para su generación:

«Acuérdate, pues, de tu Creador en los días de tu juventud…» (Ecl. 12:1).

«No permitas que nadie menosprecie tu juventud; antes, sé ejemplo de los creyentes en palabra, conducta, amor, fe y pureza» (1 Tim. 4:12).

Que honren a Dios con sus cuerpos y huyan de toda inmoralidad sexual:

«Porque esta es la voluntad de Dios: vuestra santificación; es decir, que os abstengáis de inmoralidad sexual» (1 Tes. 4:3).

Padre, hoy oro:

… por la prioridad de esta relación para los dos. Ninguna otra relación humana puede ser más importante; tenemos que protegerla. «*Por tanto el hombre dejará a su padre y a su madre y se unirá a su mujer, y serán una sola carne*» *(Gén. 2:24).*

… para que como familia te sirvamos siempre y esa sea nuestra misión. «*… pero yo y mi casa, serviremos al Señor*» *(Jos. 24:15).*

… por la pureza de nuestro matrimonio. Esta relación es algo santo para ti, algo separado. Que no la contaminemos con aquellas cosas que tú aborreces. Que la pornografía nunca tenga lugar en nuestro matrimonio, Dios. «*Tengan todos en alta estima el matrimonio y la fidelidad conyugal, porque Dios juzgará a los adúlteros y a todos los que cometen inmoralidades sexuales*» *(Heb. 13:4, NVI).*

… por una actitud de amor hacia mi esposo. «*Y sobre todas estas cosas, vestíos de amor, que es el vínculo de la unidad*» *(Col. 3:14).*

… que sea yo una esposa sujeta a mi esposo, por reverencia a Cristo. «*Pero así como la iglesia está sujeta a Cristo, también las mujeres deben estarlo a sus maridos en todo*» *(Ef. 5:24).*

… que seamos humildes y generosos el uno con el otro. «*Nada hagáis por egoísmo o por vanagloria, sino que con actitud humilde cada uno de vosotros considere al otro como más importante que a sí mismo*» *(Fil. 2:3).*

… que no caigamos presa de los celos. «*Porque donde hay celos y ambición personal, allí hay confusión y toda cosa mala*» *(Sant. 3:16).*

… que al criar a nuestros hijos lo hagamos con amor y sabiduría divina. «*Y vosotros, padres, no provoquéis a ira a vuestros hijos, sino criadlos*

en la disciplina e instrucción del Señor» (Ef. 6:4). «Pero si alguno de vosotros se ve falto de sabiduría, que la pida a Dios, el cual da a todos abundantemente y sin reproche, y le será dada» (Sant. 1:5).

... que sea yo una esposa paciente y recuerde que mi esposo es humano, pecador e imperfecto y que, como yo, necesita gracia y perdón. «Mejor es la paciencia de espíritu que la altivez de espíritu» (Ecl. 7:8). «Sed más bien amables unos con otros, misericordiosos, perdonándoos unos a otros, así como también Dios os perdonó en Cristo» (Ef. 4:32).

... que use mis palabras sabiamente y para bendición de la relación. «En las muchas palabras no falta pecado; mas el que refrena sus labios es prudente» (Prov. 10:19). «Los labios del justo destilan bondad...» (Prov. 10:32, NVI).

NOTAS

Capítulo 1

[1] http://lema.rae.es/drae/?val=inteligencia. (Consultado el 31 de marzo del 2020)

[2] https://dle.rae.es/sabidur%C3%ADa?m=form. (Consultado el 31 de marzo del 2020)

Capítulo 2

[1] https://www.biblestudytools.com/commentaries/matthew-henry-complete/proverbs/4.html. (Consultado el 31 de marzo del 2020, traducción de la autora)

[2] *La buena ama de casa*, fuente desconocida.

Capítulo 3

[1] Lysa TerKeurst, *Emociones fuertes*. (Editorial Vida, 2014).

Capítulo 4

[1] http://lema.rae.es/drae/?val=o%C3%ADr. (Consultado el 13 de marzo del 2015)

[2] http://lema.rae.es/drae/?val=escuchar. (Consultado el 31 de marzo del 2020)

[3] *The Science and Art of Listening*, New York Times, Seth S. Horowitz, http://https://www.nytimes.com/2012/11/11/opinion/sunday/why-listening-is-so-much-more-than-hearing.html. (Consultado el 24 de septiembre del 2013)

Capítulo 6

[1] http://www.nerdwallet.com/blog/credit-card-data/average-credit-card-debt-household/. (Consultado el 9 de marzo del 2014)

[2] http://quotecloset.wordpress.com/2013/02/04/quotes-on-marriage-from-billy-and-ruth-bell-graham/ (Consultado el 25 de septiembre del 2013)

Capítulo 7

[1] http://lema.rae.es/drae/?val=instruir (Consultado el 9 de marzo del 2014)

Capítulo 11

[1] https://www.wendybelloblog.com/2017/08/amigas-intencionales.html